『教訓抄』に語られる中国音楽説話の研究

【著】王媛
Wang Yuan

三元社

『教訓抄』に語られる中国音楽説話の研究　〈目次〉

第六章　「蘇合香」にまつわる伝承　191

序章　『教訓抄』と古代中国の音楽文化

本書は、日本の楽書『教訓抄』における中国関連の音楽説話を検討する。中国における伝承と日本における受容のあり方を比較し、中国古代の音楽文化のいかなる部分が中世日本において受容され、さらに独自な展開を遂げていくに至ったかを明らかにすることが本書の目的である。

第一節　『教訓抄』の内容と研究意義

東儀信太郎『雅楽事典』（音楽之友社、一九八九年）によれば、現在宮内庁式部職楽部での伝承状況によって、雅楽は以下の三種に大別できる。

①大陸伝来ではなく、日本固有のものとして扱われ、皇室の宗教的な儀礼に用いられてきたもの。神楽、東遊、久米舞、大歌などを含む。②大陸から日本へ伝来した舞踊と音楽。③は①における歌とは別に、貴族とその周辺で歌われた声楽。催馬楽と朗詠の二種目。このうちの②は、舞踊と音楽とで構成される大陸起源の舞台芸能で舞楽と呼ばれる。この場合、舞踊は舞といい、音楽は楽という。のちに詳述するが、大陸から伝わった舞踊と音楽は古代中国や朝鮮半島に起源するもののほか、

天竺と林邑に由来するものも含まれる。そのうち、古代中国、天竺と林邑に由来する舞楽は左方唐楽と呼ばれ、朝鮮半島に由来するものは右方高麗楽と呼ばれる。両者の舞は番舞である〔1〕。

日本の楽書とは、雅楽を伝えた楽人・舞人たちが、家伝をはじめとして、楽曲の由来や故実、楽器や装束の詳細、音律やその背後にある思想など、雅楽についての様々な口伝を書き残した書物である〔2〕。そのなかで、鎌倉時代の雅楽家・狛近真（一一七七〜一二四二）が一二三三年に撰述した『教訓抄』は、後世にもっとも影響を与えた楽書とされる。狛近真は日本雅楽の伝承断絶を危惧し、後世に伝えることを目的として雅楽の口伝を「歌舞口伝」と「伶楽口伝」に集成し、それぞれ『教訓抄』の巻一〜五、巻六〜十に書き記した。『教訓抄』の版本や具体的な内容については後述するが、舞楽全般にわたって、舞人の舞い方や楽人の演奏法、舞楽曲の起源や故事、実際の演奏例などを詳しく書き留めたものである。その内容は、以下に示した一〇巻によって構成される。

巻一　嫡家相伝舞曲物語、公事曲
巻二　嫡家相伝舞曲物語、大曲等
巻三　嫡家相伝舞曲物語、中曲等
巻四　他家相伝舞曲物語
巻五　高麗曲物語
巻六　無舞曲物語

巻七　舞曲源物語
巻八　管弦物語
巻九　打物部口伝物語
巻十　打物案譜法口伝記録

『教訓抄』の雅楽史における意義について、蒲生美津子は「邦楽重要図書解題」で次のように述べている。

雅楽史において、それ以前に『博雅笛譜』『仁智要録』『竜鳴抄』『管弦音儀』などといったすぐれた楽譜や楽書が数多く存在したが、それらはいずれも編著者の専門分野を中心に扱ったもので、一面的な内容のものであった。それに対して『教訓抄』は、個々の楽曲あるいは楽器ごとに、渡来当時から鎌倉時代中期までの歴史を客観的に述べ、楽・舞両面にわたっての実技上の事柄をも、きわめて具体的に書きとどめている。後年の『体源鈔』『楽家録』の二書とともに三大楽書とされる所以である。〔3〕

このように、『教訓抄』は日本初の総合的楽書として後世の楽書に影響を与えたという点で大きな意義を持つ。それだけでなく、芸能史や音楽史において、『教訓抄』は中世の雅楽の伝承、演奏の実態を明らかにし、現行雅楽との関連を究明するうえでも不可欠な資料である。とりわけ、平安時代後期、律令制度の解体に伴い、雅楽伝承の場は律令制下の雅楽寮から楽所に移り、その担い手もまた雅楽寮の楽人から次第に世襲的・独占的な諸家の伝承者に移行した[4]。このように雅楽伝承の実態が変化するなかで、楽人・宮廷・楽所が相互にどのような関係におかれ、中世初期に楽人がどのような役割を果たしたのかを究明するうえで、『教訓抄』は重要な手がかりになる。さらに、後述するように、『教訓抄』に収録された多数の歌舞芸能譚は中世説話集との関連がみられ、中世説話とりわけ「楽舞関連説話の伝承研究に果たす資料的価値は低からぬもの」[5]と先行研究では指摘されてきた。

このように、『教訓抄』は単なる楽書としての研究の意義にとどまらず、芸能史・音楽史・説話の伝承など文化史の多方面にわたる研究領域において、資料的意義を備えている書物である。しかしながら、本書に関する研究は立ち遅れてきた。その理由について植木行宣は『日本思想大系 二三 古代中世芸術論』(岩波書店、一九七三年)所収の『教訓抄』に付された解題で、東洋音楽研究者を除いて、雅楽の音楽的考察が手に負えないところにあるとしたうえで、研究の進展のためには「その方面の専門家を含めた諸分野の共同が強く望まれる」と述べている[6]。『日本の説話別巻 説話文学必携』(東京美術、一九七六年)の『教訓抄』の解題においても、『教訓抄』を対象とした研究は進んでおらず、「本文の検討や校注の作業を徹底させることはもちろんであるが、中世における音楽説話の流布や伝承の方面からも十分に研究する必要がある」と指摘されている[7]。次節に述べるように、『教訓抄』をめぐる研究は近年あらたな展開を迎えつつあるが、未開拓の分野がまだ多く残されている。音楽的考察との共同を視野に入れつつ、音楽史の分野のみならずより多様な文化史の諸領域から『教訓抄』に注目する研究が必要とされているのが現状である。

以上をふまえ、本書は、『教訓抄』に多様な角度からアプローチする作業の一つとして、中国に関連する説話の伝承と受容に注目する。以下、まずこれまでの『教訓抄』とその周辺の先行研究について整理し、筆者の視点を述べる。

第二節　先行研究と本書の目的

『教訓抄』の古写本と版本を簡単に紹介する。『国書総目録』によれば『教訓抄』の伝本は完本・零本〔8〕あわせて三二種にのぼる。『教訓抄』の翻刻は、はやく塙保己一編の『続群書類従』に収められ、山田孝雄校訂による影印本は『日本古典全集』に収録されている（以下「全集本」と略す）。内閣文庫蔵の江戸期写の冊子本を底本として、一九七三年に植木行宣が翻刻した日本思想大系『古代中世芸術論』所収の『教訓抄』（以下「大系本」と略す）は、現在もっとも一般的に参照されているテキストであり、『教訓抄』の内容を広く知らしめる上で大きな役割を果たした。

『教訓抄』のテキストに焦点を当てた諸本研究は、中原香苗の「内閣文庫蔵『舞楽雑録』と『教訓抄』」[9]と近年の神田邦彦の古写本に関する一連の研究[10]が挙げられる。中原は以前から『教訓抄』の一異本と言われる内閣文庫蔵『舞楽雑録』について、『舞楽雑録』が『教訓抄』を再構成、加筆したものとして両者の関係を考察し、『教訓抄』原本の状態を推察する手がかりを示した。神田は「『教訓抄』の古写本について」の中で、現存する五種の『教訓抄』の古写本についての解題を記した。また「神田喜一郎旧蔵の『教訓抄』について」のなかで神田は、現在では一般に流布している岩波の「大系本」に翻刻・解説されていない神田喜一郎旧蔵の『教訓抄』巻第十零本（以下「神田本」と略す）の紙背の記事が、『教訓抄』の成立後に狛近真が書き加えた裏書であること、「神田本」は内閣文庫蔵中御門旧蔵本（以下「内閣文庫本」と略す）とはそもそも一巻の巻子本であったことを指摘した。さらに「神田喜一郎旧蔵『教訓抄』について　続考」で神田は前稿に続き、「神田本」の紙背に書かれた文書の中の、本文に関わる可能性がある裏書と思われる「荒序」[11]の記録を検討し、その内容が『教訓抄』の古態をとどめるものであると推察し、「大系本」に代わる新しい校訂本の必要性を提唱した。以上のように、『教訓抄』をめぐる研究の中でも、諸本研究は近年でもっとも成果が著しく、上述した神田の研究のほか、宮内庁書陵部蔵本や曼殊院蔵本の翻刻やその研究も二松学舎大学21世紀COEプログラム[12]によって進められている。

渡辺綱也と藤田正太郎は近古語彙（鎌倉・室町時代の語彙）研究の一環として、「近古語彙の研究——教訓抄の語彙——」[13]において『教訓抄』に用いられた語彙を分類し、その用例を比較検討している。ただしこの論文は「大系本」が一九七三年に出版される前に発表されており、使用テキストは「全集本」である。「全集本」より完成度が高いと認識されてきた「大系本」も、前述の神田の研究で指摘されたように、近年ではその内容を再検討すべきであるとされており、『教訓抄』の語彙研究は、諸本を配慮した上での考察が求められていると考える。

『教訓抄』に記された記事を年代順に整理した論文としては、「『教訓抄』に見られる音楽記事の年譜稿」[14]がある。この論文は芸能史の観点から、言い伝えも含む音楽記事を『教訓抄』に記された年代順に沿って整理したものである。

以上の諸研究は『教訓抄』の基礎的資料を整備していくための不可欠な内容であると考えられる。

美術史の観点から『教訓抄』を取り上げた研究としては、竹居明男「『教訓抄』研究ノート——美術史関係史料について——」[15]を挙げることができる。『教訓抄』の記事と聖徳太子絵伝、北野天神縁起絵、春日権現験記絵に描かれた諸伝承との関連を考察したものである。

舞人・楽人を取り上げた研究としては、平安後期から鎌倉時代の雅楽家・多好方（一一三〇～一二一二）の人物像を浮き彫りにした中本真人「『教訓抄』における多好方の記事をめぐって」[16]を挙げることができる。この論文は、狛近真が狛家の子孫に伝える目的で記した『教訓抄』において狛家でない多氏の記事が少なくない理由として、近真が好方から直接聞いた話も加えられていることや、近真が「好方を至芸の域に達した舞人として認めていたという事実」によるものだとしている。また、猪瀬千尋「地下楽家の説話生成と理論構造――『教訓抄』を中心として――」[17]は、楽書に記された数多くの説話が楽家における正統性の主張や象徴を反映しており、それゆえに秘曲・感応・名器などといった要素によって説話が生成されていると指摘している。

『教訓抄』の説話に注目した研究としては、今野達「教訓抄の提起する説話文学的諸問題」[18]と石黒吉次郎「『教訓抄』における舞楽説話と芸能観」[19]を挙げることができる。前者は、来朝した舞楽の記録や説話の出典として『教訓抄』が引用した「或記」と、『元亨釈書』『十四巻本地蔵菩薩霊験記』『春日権現霊験記』などと『教訓抄』の関連を考察したもので、今野は「楽家による説話伝承は中古・中世における説話伝承の重要な一支脈で、それに連なる伝承には今昔物語集以下中世説話作品に関連するものが少なくない」[20]と指摘している。後者は、来朝した舞楽に関する説話を対象に整理・考察したもので、『教訓抄』の舞楽説話が中世における舞楽の衰退や舞曲の断絶など差し迫った状況に対する楽人の深刻な問題意識を反映したものであったと論じている。

朝鮮半島や大陸との関連を視野に入れた研究としては、徐淵昊（伊藤好英訳）「『教訓抄』の伎楽[21]と河回別神仮面劇との相関性」[22]と宮崎和廣「教訓抄を通してみた平安朝の船載楽書に就いて――『酔郷日月』・『律書楽図』を中心として――」[23]を挙げることができる。前者は、『教訓抄』に見える伎楽と韓国慶尚北道安東市豊川面河回里に伝承されている河回別神仮面劇の内容とが類似していることに着目した論文で、河回地域の歴史と民俗および現地の事情を調査した結果として、別神仮面劇が高麗伎楽の継承であることを指摘している。後者は、平安朝に伝わった唐代の『酔郷日月』と『律書楽図』の二種の典籍の逸文を通して、両書の性質や平安朝の楽書における受容を考察した論考で、漢土ではもっぱら酒令書[24]であった『酔郷日月』が平安朝において一種の楽書として受容され、一種の絵入りの音楽事典である『律書楽図』が『和名抄』や平安中期の楽書類を介して後代の楽書類に引用されたことを指摘している。

このように『教訓抄』についてさまざまな視点から行われてきたこれらの研究は、同書をめぐる当時の日本の社会的・歴史的背景を読み取る手がかりを提供するものであると同時に、古代中国とりわけ唐代より伝来した書物とそれにまつわる文化がいかなる形で日本に受容され、受け継がれていたのかという問題を明らかにする手がかりをも提供していると考えられる[25]。

ところが、『教訓抄』には数多くの中国に関連する音楽説話が収録されているにもかかわらず、日本音楽史や音楽説話の研究の一端として言及されることはあっても、音楽説話自体を主題化した研究はまだ乏しいと言わなければならない。上述したように、各舞楽曲の日本伝来後の日本における奏演の実態や、説話の中でも日本伝来後の舞楽にまつわる部分については分析が行われてきた。しかし、日本に伝えられていた「カラ国」や「モロコシ」の伝承とはそもそもいかなるものであったのか、それが中国の文献を通して読み取ることができる中国における伝承との間にどのような相違があったのか、といった疑問はまだ十分に解明されているとは言えない。

『教訓抄』に収録された中国関連の多くの音楽説話は、日本に伝来する以前において、古代中国における各楽曲の成立背景、創作意図、創作者とされる者の社会的身分などには相違が存在し、それゆえに古代中国においては、それらの受容度や伝承の範囲も均一的なものではなかったと考えられる。たとえば「蘭陵王」は、今日まで伝えられている蘭陵王高長恭の武勇伝を題材としているが、本論で論じるように、中国で長く語り継がれた要因の一つは、高長恭の悲劇の運命以上に、自ら戦場に出るたびに仮面で美しい顔を隠すという物語から導かれた芸能性豊かな仮面劇の魅力にあったのではないかと考えられる。それゆえに中国における蘭陵王の伝承は、史実を取り入れながらも、その物語のクライマックスを表現する仮面をめぐる実際の舞踊の装束についての伝承、つまり芸能自体に関する伝承が多岐にわたっている。

これに対してたとえば「蘇合香」は、西域の香料に由来すると説かれているが、蘇合香と称される香料がどのような成分と効用を持つのかについて、古代中国においては時代背景によってその伝承が異なっている。また、薬効を有する蘇合香が仏教や道教の宗教的な場で盛んに利用されたことが伝えられているのと同時に、先祖に捧げる祭祀曲としての「蘇合香」が用いられていたことも知られている。このように、「蘭陵王」とは異なって、蘇合香の伝承の軸は単なる香料から転じて薬効を有する香料として蘇合香が認識され、受容されていったところにある一方で、「蘭陵王」における場合と比べると、芸能自体に関する伝承は欠如していると思われるのである。

以上に示したように、中国に関連する舞楽のそれぞれの由来にまつわる説話は、まず古代中国で伝承され、その過程において変化を遂げていった。『教訓抄』に収録された中国関連の音楽説話を検討するには、まずこの事実に注目する必要がある。『教訓抄』に散見される『旧唐書』や『唐会要』などの引用から分かるように、狛近真は漢籍に触れることができる環境にあったか、もしくはその環境にあった人物やその継承者から口伝を集めたと考えられる。しかし、『教訓抄』はこのような中国の伝承をありのままに余すことなく吸収したのではなく、変化を遂げた伝承を部分的に取り入れたほか、その内容を意図的に改編した点も見られる。それゆえに、古代中国に遡って、これらの音楽説話がどのような伝承の過程を経て変化を遂げたのかについて検討することは、後続の各章において指摘するように、『教訓抄』のなかで著者である狛近真がそのどの部分を取捨選択したか、あるいは独自にいかなる解釈や説話を加えたのかを明らかにして、またその意図を検討することを通じて、『教訓抄』に対する理解を深めるうえで重要な意義を持つ作業と考えられるのである。そこから漢籍を取り入れながらも、「舞曲の源をたずぬるに、仏世界より始」とする狛近真の舞曲の由来を仏教に求めるという意図を浮かび上がらせることができるのではないだろうか。

以上のような問題意識を踏まえて、本書は『教訓抄』に収録された中国に関連する音楽説話の素材、つまり中国におけるその発生にまつわる伝承と日本での展開について考察を行い、中国古代の音楽文化の中世日本における受容の一端を示していきたい。以下、本書は次節で述べるように、研究対象とする各曲を各章の主題として考察を行う。

第三節　本書の構成と概要

本書は七章によって構成される。

第一章では、唐代宮廷音楽の内容と特徴、日本への伝来、日本における伝承の担い手の変遷について考察する。

第二章では第一章で考察した内容をふまえて、『教訓抄』の作者狛近真の生涯、狛近真が『教訓抄』を著述した動機および『教訓抄』の写本と版本を紹介する。

第三章では、舞楽「迦陵頻」の伝承を中心に『教訓抄』の仏教的背景を考察する。『阿弥陀経』や『方広大荘厳経』などの仏典に浄土に棲む霊鳥として説かれる「迦陵頻伽」は、中国唐代の浄土変相図において、当時の西域的な色彩が強い宮廷饗宴楽を反映した楽伎や舞伎などとともに演奏する姿で表現された。これに対して、唐代の宮廷音楽を吸収した日本の雅楽において、『教訓抄』が伝えた舞楽「迦陵頻」およびその由来に関する伝承は、中国の浄土変相図に描かれる場面を想起しつつ、仏典に基づいてもっぱら供養舞として展開された。この内容を検討するとともに、「婆羅門僧正（菩提遷那）と「仏哲」という僧侶が「迦陵頻」を日本に伝えた重要人物として語り継がれることの意義も考察する。

第四章では、中国の歴史上の人物、称号が蘭陵王である高長恭に由来する「蘭陵王」について、その中国における伝承と日本における展開を考察する。中国では「蘭陵王」という芸能自体は歌舞という形式から物語性を有する散楽に変遷したが、その重点は蘭陵王の物語に置かれており、それを表現する仮面をめぐる実際の舞踊の装束についての伝承は多岐にわたる。『教訓抄』における音楽説話は、中国で伝えられた物語の内容を取り入れ、中国の芸能で表現された装束の面影がある一方で、その出典が明らかではない奇譚の色彩が濃厚な「中国の説話」を加えていることを指摘し、その意味を考察する。

第五章では、音楽説話の視点から中国と日本で語られた「春鶯囀」の起源譚と伝承を考察する。中国の楽書『教坊記』では、「春鶯囀」が鶯の囀りをかたどったものという成立経緯の叙述が伝承の中心であるのに対して、『教訓抄』では、中国の奇譚と伝えられる曲の演奏にまつわる部分と、日本の楽人による曲の創作・改編の部分が含まれている。『教訓抄』のこの二つの部分は単線的に語られておらず、中国と日本の歴史書に見られる記述を踏まえつつ、『教訓抄』の奇譚を積極的に取り入れる性格を表しながら、中国由来の曲の日本的展開を意図的に説いた内容であることを考察する。

第六章では西域の香料である蘇合香に由来する「蘇合香」の伝承について考察する。西域由来の香料であった蘇合香が、仏典では霊薬として記され、仏教の場における使用がみられると同時に、中国に入ったのち、本草文献では霊薬として記され、道教の場にも用いられた。中国唐代において「蘇合香」という楽舞が現れた背景には、蘇合香を霊験あらたかな薬とする認識による使用が流行したことが挙げられ、この楽舞が祭祀曲として用いられたことは蘇合香の霊験あらたかな効用によると推測されることを指摘する。しかしながら、中国における伝承は、蘇合香の霊験あらたかの効用といった点に重点が置かれており、楽舞「蘇合香」の由来との直接な関連が説かれていない。一方、日本の『教訓抄』は中国の書物を踏まえつつ、蘇合香の霊験あらたかさを舞楽「蘇合香」の成立と直接に結び付けており、天竺に由来をもとめる奇譚を積極的に取り入れることは、ある意味では唐代の楽舞「蘇合香」に関する伝承の空白を埋めた内容であるが、日本的な展開を意図的に説いたものでもあることを指摘する。

第七章は中国唐代の辺地に発祥した曲（「辺地大曲」）の一つである「甘州楽」の伝承について考察する。甘州は、辺地であるとともに諸民族交流の場であり、中国歴代の王朝がその権威が及んでいることを示すことが極めて重要な意味をもった。大曲「甘州」が、このような甘州の地理的・文化的位置を反映して成立した楽舞であることが明らかな一方で、中国の書物においては同曲が胡部の曲と軟舞であること以外、それに関する言い伝えが非常に乏しい。その一方、『教訓抄』は「甘州」について、中国の書物を引用しつつ、中国の書物に見られない奇譚を展開した。説話の中心をなす奇譚は仏教的色彩が非常に濃厚であり、「甘州」説話の全体を通して、著者狛近真が中国由来の説話の素材を積極的に取り入れつつも仏教の立場から舞楽の由来を説こうとした主旨を垣間見ることができることを指摘する。

終章では、本書の概要と結論を総括する。

以上のように、本書は、とくに『教訓抄』の奇譚・仏教説話としての性格に注目しつつ、中国における伝承と日本における受容のあり方を比較し、中国古代の音楽文化のいかなる部分が中世日本において受容され、さらに独自な展開を遂げていくに至ったかを考察していく。

注

1　東儀信太郎『雅楽事典』（音楽之友社、一九八九年）一〇〜一二頁。

2　芝祐靖監修『雅楽入門事典』（柏書房、二〇〇六年）一一〇頁、「楽書の世界」を参照。

3　蒲生美津子「邦楽重要図書解題その三」（『季刊邦楽』第三〇号、一九八二年三月）。

4　雅楽の伝習、演奏を司った機関。楽所は当初はさまざまな折の奏楽にあたって臨時的に置かれたものであったが、衛府の官人が雅楽を奏するようになり、内裏に置かれるようになった。平安時代以降には、内裏のみならず、神事や法会における奏楽を必要とした南都や天王寺などでも楽所が置かれるようになった。楽所に所属した楽人は、平安時代後期より、父から子へ芸を受け伝える世襲の形を取るようになり、「楽家」と呼ばれる雅楽の家が生まれた。雅楽寮は存続したが、雅楽の伝承の実体は楽所に移行し、明治初年まで続いた。前掲の『雅楽事典』と『雅楽入門事典』のほか、楽所の実態について、有吉恭子「楽所の成立と展開」（『史窓』第二九号、一九七一年）、武山恵美子「紅葉山楽所をめぐる一考察」（『公家と武家 三』、思文閣出版、二〇〇六年）、北堀光信「三方楽所の成立と南都楽人」（『地方史研究』第五九巻第二号、二〇〇九年）、南谷美保『天王寺楽所資料』（清文堂出版、一九九五年）およびその一連の研究を参照されたい。

5　今野達「教訓抄の提起する説話文学的諸問題」（『専修国文』第一三号、専修大学国語国文学会、一九七三年一月）。

6　植木行宣「解題（教訓抄）」林屋辰三郎校注『古代中世芸術論（日本思想体系二三）』（岩波書店、一九七三年）七五四頁。

7　小林保治編『日本の説話別巻 説話文学必携』（東京美術、一九七六年）八〇〜八一頁。

8　一揃いの本の大半が欠けている本。

9 中原香苗「内閣文庫蔵『舞楽雑録』と『教訓抄』」(『語文』第六四輯、大阪大学国語国文学会、一九九五年三月)。

10 神田邦彦『『教訓抄』の古写本について」(二松学舎大学21世紀COEプログラム中世日本漢文班編『雅楽・声明資料集』第三輯、二〇〇八年三月)、「神田喜一郎旧蔵の『教訓抄』について」(『中世文学』第五六号、中世文学会、二〇一〇年度)、「神田喜一郎旧蔵の『教訓抄』について 続考」(『東洋音楽研究』第七六号、東洋音楽学会、二〇一一年八月)。

11 舞楽「陵王」を構成する楽章の一つで、舞は狛氏相伝の秘曲である。

12 二松学舎大学21世紀COEプログラム「日本漢文学研究の世界的拠点の構築」の『雅楽資料集』(第二〜第四輯)を参照されたい。

13 渡辺綱也・藤田正太郎「近古語彙の研究——教訓抄の語彙——」(『人文科学研究』第一六輯、新潟大学人文学部、一九五九年三月)。

14 佐藤忠彦「『教訓抄』に見られる音楽記事の年譜稿」(『北海道駒沢大学研究紀要』二一号、一九九六年三月)。

15 竹居明男「『教訓抄』研究ノート——美術史関係史料について——」(『文化史学』三四号、文化史学会、一九七八年一二月)。

16 中本真人「『教訓抄』における多好方の記事をめぐって」(『国語と国文学』第八六巻八号、ぎょうせい、二〇〇九年八月)。

17 猪瀬千尋「地下楽家の説話生成と理論構造——『教訓抄』を中心として——」(『論究日本文学』第九〇号、立命館大学日本文学会、二〇〇九年五月)。

18 今野達「教訓抄の提起する説話文学的諸問題」(『専修国文』第一三号、専修大学国語国文学会、一九七三年一月)。

19　石黒吉次郎「『教訓抄』における舞楽説話と芸能観」(『専修国文』第五七号、専修大学国語国文学会、一九九五年八月)。

20　今野達前掲論文、四七頁。

21　伎楽は呉楽とも呼ばれ、中国南部の呉に行われた仮面と劇的な物真似を有する楽舞であり、推古天皇二〇年(六一二)に百済の人、味摩之《みまし》が伝え、桜井に少年を集めて習わせたと伝えられている。

22　徐淵昊・伊藤好英訳「『教訓抄』の伎楽と河回別神仮面劇との相関性」(『朝鮮学報』第一九八輯、朝鮮学会、二〇〇六年一月)。

23　宮崎和廣「教訓抄を通してみた平安朝の船載楽書に就いて――『酔郷日月』・『律書楽図』を中心として――」(和漢比較文学叢書『和漢比較文学の周辺』第一八巻、汲古書院、一九九六年)。

24　酒席に興を添え、酒を楽しむさまざまな遊びの総称である「酒令」を書き留めた書物。

25　なお、『教訓抄』を研究の主対象とはせず、その記述に言及した研究については、章を改めて後述する。

第一章　唐代宮廷音楽の伝来と日本における受容

今日の日本雅楽は、内容、起源と様式が異なる複数の音楽種目より構成され、宮内庁式部職楽部での伝承状況によって次の三種類に分けることができる。一つ目は五世紀以前から日本で奏されていた神道祭祀の楽――国風歌舞――であるが、御神楽、東遊、倭歌、久米舞などが含まれる。二つ目は五世紀から八世紀にかけて、中国大陸から日本へ伝来した外来楽舞［1］であり、左方唐楽と右方高麗楽に分類されたものである。三つ目は平安時代に発生した催馬楽と朗詠のような歌謡形式のものである［2］。

雅楽が今日のような編成をなしたのは明治初年のことであり、近代になってから伝統文化として確立されたことはすでに指摘されていることである［3］。しかしながら、その前提には、かつて田辺尚雄が提起したように、後述する楽制改革によって改修された唐韓楽舞のうちで今日まで伝わっている［4］ものが数多く存在し、日本雅楽の重要な構成部分をなしているとみられる。

いわゆる平安朝の楽制改革とは外来楽舞の日本化（日本における伝統音楽としての定着）が進むにつれて、宮廷社会になじませるための改修を行った改革である。楽制改革によって、中国より伝来した楽舞は左方唐楽［5］に、朝鮮半島や渤海より伝来した楽舞は右方高麗楽［6］に分けられ、今日に至る舞楽伝承の基礎が築かれた。

この左方唐楽は、主に七世紀から八世紀の間に日本に伝わった唐代宮廷饗宴楽を主体とし、林邑楽を吸収した楽舞であるが、右方高麗楽とともに日本に受容されたのち、宮廷行事や神社での祭祀、寺院での法会に用いられるようになった。その際、楽器のみの演奏が管弦と呼ばれ、舞が伴うものは舞楽と呼ばれる。左方唐楽に吸収された唐代宮廷饗宴楽は舞楽の支柱とも言える不可欠な存在である。

本章では本書で検討する『教訓抄』を著した狛近真が属する狛氏が伝承した左方唐楽の主体である唐代宮廷饗宴楽の性質を把握した上で、その日本への伝来と定着の概要を見ていく。

第一節　唐代宮廷音楽の内容

隋唐代は中国文化史上、そして音楽史上の一つの頂点とされている。それは、漢民族固有の音楽を確立した漢代と異なり、隋唐代は西域各国との交流が深まるにつれて、南北朝以来の西域楽が次々と取り入れられた「国際的音楽時代」[7]とされるからである。隋代では長い戦乱を終え、諸制度とともに宮廷音楽についての改修が行われた。改修されたのは、礼節と結びついて人心を感化する目的の儀礼音楽のみでなく、漢代以来の周辺地域から流入してきた外来音楽や中国固有の音楽にも及ぶ。唐代中国は東アジア、南アジア、西アジアとヨーロッパの国家や地域と盛んに交流した。

経済の昌盛、政治制度の完備、文教政策の整備、科学の発展などによって、唐代は後世に「盛唐気象」と呼ばれるような繁栄した時代であり、その宮廷音楽は隋代の音楽制度を継承したうえで、さらに発展を遂げたのである。

唐代は前代に比べ、より多くの音楽機関が設けられ、さまざまな場面に対応する音楽が増えたうえに、周辺地域との交流がさらに深まり、より多くの外来楽舞が宮廷に吸収された。そのほか、当時の民間音楽も宮廷に伝えられ、改編される一方、宮廷で演奏、制作された楽舞も民間の法会などに用いられた。

北宋の陳暘は著書『楽書』で、唐代の音楽を雅楽、胡楽と俗楽に大別している。同書が述べるように、唐代の宮廷音楽をその性質から分けるならば、天地祭祀、宗廟祭祀などに用いられる儀礼音楽の雅楽、西域音楽が中心となる外来音楽の胡楽、清楽または清商楽と言われた漢代以来の中国固有の音楽の俗楽の三種類になる。一方、その用途から分けるならば、儀礼に用いられる雅楽、饗宴に用いられる饗宴楽、鼓吹楽と呼ばれる軍楽に分けることができる。そのほか、散楽と呼ばれる曲芸、幻術や歌舞劇などを音楽伴奏で行う芸能が見られ、その演奏方式はほかの宮廷楽舞とは異なる。岸辺成雄や渡辺信一郎などの研究において、散楽は（岸辺は「宴楽」、渡辺は「燕楽」という総称で表した）饗宴楽とともに、それぞれ宮廷音楽の一ジャンルとして取り扱われている[8]。この散楽は、用途からすれば、饗宴に用いられる芸能であるため、広義の饗宴楽に属するとも考えられる。饗宴楽に用いられる楽舞は主に胡楽と俗楽であるが、その性格は儀礼音楽の雅楽と比べて、娯楽的な面が強くみられる。

本書では、宮廷社会や支配階層の饗宴に用いられる楽舞をすべて一つのジャンルとして捉え、それを「宴」に通じる「燕」を以て「燕楽」と表現する研究方法に従い、以下宮廷饗宴楽を「燕楽」と表記する。燕楽は宮廷の宴会で演奏される歌、舞、管弦が融合し、歌舞劇なども含まれる大型芸術表現である。

唐代の宮廷音楽のなかで、日本の雅楽に吸収されたのは燕楽、つまり、唐代の九、十部楽及び散楽であることがすでに指摘されている[9]。ここからはまず唐代の九、十部楽の内容について見ていこう。

前述したように、隋唐代では宮廷音楽の改修が行われたが、『隋書』音楽志下、『通典』楽六および『旧唐書』音楽二の記述によると、隋代には開皇初（五八一年頃）に中国固有の清楽と諸外国の楽舞を合わせて、七部楽を制定し、大業年間（六〇五～六一八）に九部楽を制定した。唐代は隋代の九部楽を受け継ぎ、饗宴楽の内容と制度を受け継ぎ、唐高祖武徳初年（六一八年頃）に九部楽を用いて、貞観一六年（六四二）に十部楽を編成した。

以下の表1は諸誌の記述をもとに、隋代の七部楽と九部楽、唐代の九部楽と十部楽の内容をまとめたものである。なお、「中原に入った時期」の項目は、楊蔭瀏『中国古代音楽史稿』に所載の表[10]を参照した。

表1

時代		総称		各楽部名称									
隋代	開皇初（五八一年頃）	七部楽		清商楽	国伎（西涼楽）	天竺楽	亀茲楽	高麗楽	安国楽				文康楽
	大業年間（六〇五～六一八）	九部楽		清楽	西涼楽	天竺楽	亀茲楽	高麗楽	安国楽	疏勒楽	康国楽		礼畢
唐代	武徳初（六一八年頃）	九部楽	讌楽[11]	清商楽	西涼楽	天竺楽	亀茲楽	高麗楽	安国楽	疏勒楽	康国楽		
	貞観一六年（六四二）	十部楽	讌楽	清商楽	西涼楽	天竺楽	亀茲楽	高麗楽	安国楽	疏勒楽	康国楽	高昌楽	
中原に入った時期			当代創作	固有	三八六年	三四六～三五三年	三八四年	四三六年	四三六年	四三六年	五六八年	約五二〇年	当代創作

西涼とは敦煌の周辺、天竺とはインド、高麗とは朝鮮半島の北部地域、亀茲とはクチャ、疏勒とはカシュガルあたり、康国とはサマルカンド地方（現在のウズベキスタン）、安国とは現在のウズベキスタンのブハラ地方、高昌とは現在のトルファン地区である。このように、九、十部楽はほとんどが周辺地域の少数民族や外国の楽舞によって構成される。

このような漢民族文化の中心である中原から見て周辺地域における歌、楽と舞は別の名称として、四方楽とも呼ばれる。四方楽の一部は唐代の九、十部楽に組み入れられ、宮廷において演奏された。したがって、唐代九、十部楽の性質や内容を理解するには、まずその主な構成要素である四方楽を理解することが不可欠である。次節では四方楽の内容と特徴について見ていこう。

第二節　唐代九、十部楽の主な構成要素——四方楽[12]

四方楽は四夷之楽とも言い、中原から見て四つの周辺地域——東夷・西戎・北狄・南蛮——の歌、楽と舞である。「納四夷之楽者、美徳広之所及也」[13]とあるように、宮廷音楽に四方楽を取り入れる背景としては、「徳」と「楽」を結びつける思想や国威を誇示する意味合いが含まれると言えよう。

四方楽について、唐の杜佑（七三五〜八一二）が著した制度史『通典』楽六では、東夷二国楽（高麗、百済）、北狄三国楽（鮮卑、吐谷渾、部落稽）、西戎五国楽（亀茲、疏勒、康国、安国、高昌）、南蛮二国楽（扶南、天竺）を四方楽としている。後晋の劉昫などによって編纂された正史『旧唐書』音楽志二では、東夷二国楽（高麗、百済）、北狄三国楽（鮮卑、吐谷渾、部落稽）、西戎五国楽（亀茲、疏勒、康国、安国、高昌）、南蛮三国楽（扶南、天竺、驃国）を四方楽としている。北宋の欧陽修などが勅撰によって編纂した正史『新唐書』礼楽十二では、東夷二国楽（高麗、百済）、北狄三国楽（鮮卑、吐谷渾、部落稽）、西戎五国楽（亀茲、疏勒、康国、安国、高昌）、南蛮四国楽（扶南、天竺、驃国、南詔）を四方楽としている。北宋の王溥（九二二〜九八二）が撰した『唐会要』は『新唐書』の記述と同様である。

諸誌の分類は東夷、北狄と西戎においては一致しているものの、南蛮における記述は二国楽説（『通典』）、三国楽説（『旧唐書』）、四国楽説（『新唐書』と『唐会要』）の三つがある。この三説に共通する楽舞は扶南と天竺であり、『旧唐書』においては『通典』に比べて、驃国楽が増え、『旧唐書』に比べて、『新唐書』と『唐会要』では南詔楽が増えた。『通典』の成立は徳宗貞元一七年（八〇一）であり、驃国が楽舞を献じたのも貞元一七年もしくは一八年とされているが[14]、『通典』には驃国は載せられなかった。『旧唐書』では、楽人の装束と楽器の種類に重点を置いて四方楽を記しているが、『新唐書』と『唐会要』では簡単ながら周辺の楽舞をすべて書き留めている。『旧唐書』に南詔楽が載せられなかった理由としては、後述するように唐代の節度使が朝覲をかたどって南詔楽の改編を行ったため、南詔楽の装束と楽器には周辺地域の特徴が顕著に表れなかった可能性が考えられる。

本節では南蛮四国楽という捉え方に沿って、東夷二国楽、北狄三国楽、西戎五国楽と南蛮四国楽によって構成される四方楽について見て行く。

唐代の東夷楽には新羅楽と百済楽がある。新羅楽と百済楽はすでに南北朝時代の南朝の劉宋朝廷に入っているが[15]、北朝が北燕を平定した際には朝廷音楽に編入されなかった[16]。前節の表1で示したように、隋代になると、宮廷音楽の七、九部楽には高麗楽が編入され、唐代においても高麗楽は九、十部楽に編入された。高麗楽と百済楽の楽人の装束や楽器について、『通典』楽六では以下のように記している[17]（傍線は筆者による、以下同）。

東夷二国。高麗、百済。

高麗楽、工人紫羅帽、飾以鳥羽、黄大袖、紫羅帯、大口袴、赤皮靴、五色縚縄。舞者四人、椎髻於後、以絳抹額、飾以金璫。二人黄裙襦、赤黄袴。二人赤黄裙、襦袴。極長其袖、烏皮靴、双双並立而舞。楽用弾箏一、搊箏一、臥箜篌一、竪箜篌一、琵琶一、五絃琵琶一、義觜笛一、笙一、横笛一、簫一、小篳篥一、大篳篥一、桃皮篳篥一、腰鼓一、斉鼓一、担鼓一、貝一。大唐武太后時尚二十五曲、今唯能習一曲、衣服亦寖衰敗、失其本風。

百済楽、中宗之代、工人死散。開元中、岐王範為太常卿、復奏置之、是以音伎多闕。舞者二人、紫大袖裙襦、章甫冠、皮草履。楽之存者、箏、笛、桃皮篳篥、箜篌、歌

この内容によると、東夷楽には高麗楽と百済楽が含まれる。高麗楽は則天武后（六二四～七〇五）の時には二十五曲があった。高麗楽は太常寺の楽部の一つとして、儀礼的朝会[18]で演奏されるほか、宮廷の娯楽的宴会にも用いられていた。則天武后の寵臣であった張易之（?～七〇五）が宴会の際に、御史大夫楊再思に高麗舞を舞わせたことが唐代の劉粛（生没年不詳）が著した『大唐新語』に記される[19]ほど、高麗楽は宮廷に大いに流行っていたのである。しかしながら、「今唯能習一曲」と書かれたように、八〇一年成立の『通典』が書かれた時には、高麗楽の曲はたった一曲しか残っておらず、舞人の装束も衰廃し、本来の姿を失った。上記の内容から、百済楽は高麗楽より廃れていたことが読み取られる。中宗（在位六八四年一月～二月、七〇五～七一〇）の時に百済楽の楽人たちが散り散りになったため、開元の時（七一三～七四一）に再び宮廷で百済楽を設けても音楽の技能は欠如していた。このことは百済楽が隋代の七、九部楽に続き、唐代の九、十部楽にも編入されなかったこととも関連すると考えられる。

続いて北狄楽について、以下の『通典』楽六の記述[20]を通して見てみよう。

北狄三国。鮮卑、吐谷渾、部落稽。

北狄楽、皆為馬上楽也。鼓吹本軍旅之音、馬上奏之、故自漢以来、北狄楽総帰鼓吹署。（中略）今存者五十三章、其名目可解者六章：慕容可汗、吐谷渾、部落稽、鉅鹿公主、白浄王太子、企喩也。其余不可解、咸多可汗之詞。（中略）北虜之俗、皆呼主為可汗。（中略）大唐開元中、歌工長孫元忠之祖受業於候将軍貴昌、並州人也、亦代習北歌。貞観中、有詔令貴昌以其声教楽府。元忠之家代相伝如此、雖訳者亦不能通知其詞、蓋年歳久遠、失其真矣。糸桐、唯琴曲有胡笳声大角、金吾所掌。

この内容によると、北狄楽には鮮卑楽、吐谷渾楽と部落稽楽がある。この三つの楽はすべて「馬上楽」、つまり、馬上で演奏する音楽であった。鼓吹楽はもともと軍楽であり、馬上で演奏するがゆえに、漢代から北狄楽は鼓吹署に属した。唐代で残されたものには五三章あり、名前が分かるものは慕容可汗、吐谷渾、部落稽、鉅鹿公主、白浄王太子、企兪の六章である。北狄楽は主に歌詞の伴う歌（北歌とも呼ばれる）が主であり、その歌詞はおおよそ君主の言葉である。唐代の歌人の長孫元忠（生没年不詳）の祖先が候将軍貴昌（生没年不詳）のところで北歌を習い、元忠の家はそれを伝承したが、恐らく時代の隔たりが大きいため、北歌の歌詞が訳されてもすべて理解されることはなかった。

このように、四方楽のうちの東夷楽と北狄楽は、唐代では曲数の減少や、歌詞の意味の伝承の途絶えなどが進み、衰退傾向が強く見受けられるのである。

一方、東夷楽と北狄楽の衰退と対照的であったのは西戎楽である。『通典』楽六によれば、唐代の西戎楽には高昌楽、亀茲楽、安国楽、疏勒楽と康国楽の五つの楽が含まれる。表1で示したように、そのうちの亀茲楽、安国楽、疏勒楽と康国楽は隋代から燕楽に取り入れられ、唐代ではその上に高昌楽が加えられたのである。

高昌楽は、『旧唐書』楽二によれば、「西魏與高昌通、始有高昌伎」[21]、西魏が高昌との交流があったため、高昌楽が伝わったと記されている。隋文帝の開皇六年（五八六）に、高昌が「聖明楽」を献じたことは『隋書』（音楽志下）に記されているが、高昌楽は隋代の七部楽にも九部楽にも高昌楽が取り入れられることはなく、唐代の太宗が高昌を滅ぼした時にその楽を楽部に入れたのである。

亀茲楽は呂光（三三八〜三九九）が亀茲を破った際に獲た音楽である。その後、亀茲楽は一度廃れたが、北魏が中原を平定後また復活したのであった。隋代では、亀茲楽は盛んになり、西亀茲・斉亀茲・土亀茲の三部に分けられ、七部楽と九部楽に取り込まれた。

疏勒楽、康国楽と安国楽は、北周の武帝（五四三〜五七八）が突厥の女性を后に迎える際に、西域諸国から献じられ北朝の長安に広がったことが『旧唐書』楽二の記述によって知られる[22]。

西戎楽について、『通典』では以下のように記している[23]。

西戎五国。高昌、亀茲、疏勒、康国、安国。

・高昌楽、舞二人、白襖錦袖、赤皮靴、皮帯、紅抹額。楽用荅臘鼓一、腰鼓一、雞婁鼓一、羯鼓一、簫一、横笛二、篳篥二、五絃琵琶二、琵琶二、銅角一、竪箜篌一今亡、笙一

・亀茲楽、工人皂糸布頭巾、緋糸布袍、錦袖、緋布袴。舞四人、紅抹額、緋襖、白袴帑、烏皮靴。楽用竪箜篌一、琵琶一、五絃琵琶一、笙一、横笛一、簫一、篳篥一、荅臘鼓一、腰

鼓一、羯鼓一、毛員鼓一今亡、雞婁鼓一、銅鈸二、貝一。

・疏勒楽、工人皂糸布頭巾、白糸布袍、錦衿褾、白糸布袴。舞二人、白襖、錦袖、赤皮靴、赤皮帯。楽用竪箜篌一、琵琶一、五絃琵琶一、横笛一、簫一、篳篥一、荅臘鼓一、腰鼓一、羯鼓一、雞婁鼓一

・康国楽、工人皂糸布頭巾、緋糸布袍、錦衿。舞二人、緋襖、錦袖、緑綾渾襠袴、赤皮靴、白袴帑。舞急転如風、俗謂之胡旋。楽用笛二、正鼓一、和鼓一、銅鈸二。

・安国楽、工人皂糸布頭巾、錦衿褾、紫袖袴。舞二人、紫襖、白袴帑、赤皮靴。楽用琵琶一、五絃琵琶一、竪箜篌一、簫一、横笛一、大篳篥一、双篳篥一、正鼓一、銅鈸二、箜篌一

以上の記述によると、西戎楽の舞人は偶数で舞い、琵琶・篳篥・簫・横笛・箜篌・銅鈸・各種の鼓などの楽器を用いる楽舞である。

西戎楽の舞人は「皮靴」を履くなど、その装束は「胡服」、つまり中原地方の漢民族と異なる少数民族の服装をしていたことが分かる。特に、康国楽の舞は俗に「胡旋舞」と言われ、風のように急旋回する姿は唐代の楽舞に大きな衝撃を与えたことだろう。実際に宮廷のみならず、民間でも流行していたことは元稹（七七九～八三二）の詩『胡旋女』によって知られる。

西戎楽に使用される楽器のうち、琵琶、篳篥、箜篌と銅鈸は西域で生まれた楽器であり、これらの楽器によって当時の宮廷にエキゾチックな音楽空間が醸し出されたことが想像される。シルク

ロードを渡って中原に伝わったこの五つの国の楽舞は異国情緒に溢れ、おそらく当時の人々を魅了した楽舞であったと思われるのである。

このように、西戎楽は唐代の燕楽に吸収され、宮廷音楽に花を咲かせた。唐代の宮廷音楽を反映した絵画、とりわけ敦煌壁画の浄土変相図の舞楽壇には、こうした西域の色彩が強い楽器、楽人や舞人が生き生きと表現されている[24]。

最後に南蛮楽について見てみよう。諸誌によると、南蛮楽とは扶南、天竺、驃国、南詔の四つの地域に関連する楽舞であるが、地理的位置から見て同様に「南蛮」と見なされていた「林邑」の楽舞について、『通典』の以下の内容[25]が興味深い。

至煬帝（中略）平林邑国、獲扶南工人及其匏瑟琴、陋不可用、但以天竺楽転写其声、而不歯楽部

煬帝（在位六〇四〜六一八）の代になると、林邑国を平定し、扶南の楽人とその匏瑟琴などの楽器を獲たものの、粗陋にして用いることができず、ただ天竺楽を以てその音を伝写するのみにして、楽部に列しない。

この記述によれば、隋代の煬帝の時にすでに林邑国の楽舞を獲得していたが、興味深いことにそ

の楽人と楽器は林邑ではなく、扶南のものであった。当時の林邑は音楽においてはまだ発展の途上にあった可能性が高い。一方、国家統一を遂げた隋王朝は数多くの周辺地域の楽舞を吸収し、九部楽の中の七つは四方楽であり、九部楽に取り入れられなかった四方楽はほかにも扶南、百済、新羅、突厥、倭国などがあった。隋の宮廷は林邑で得た楽人と楽器を粗陋と判断し、天竺楽の調子と楽器でその音を伝写した。唐代は隋代の燕楽を継承したため、林邑楽に対する措置を変えなかったと考えられ、天竺楽の調子と楽器を以て林邑楽を表現したか、もしくは扶南の楽人が林邑にいたことから、扶南楽で補った可能性もあり得る。いずれにしても、その結果として、林邑の楽は楽部に列することは一度もなく、中国の歴史にその痕跡を残すことができなかった。

南蛮の楽人の装束と楽器について、『旧唐書』音楽二では『通典』の扶南楽と天竺楽の記述ほぼ踏襲した上、貞元年間に献じられた驃国楽を加え、以下のように記している[26]。

・扶南楽、舞二人、朝霞行纏、赤色靴。隋世全用天竺楽、今其存者有羯鼓、都曇鼓、毛員鼓、簫、横笛、篳篥、銅鈸、貝。
・天竺楽、工人皂糸布頭、白練襦、紫綾袴、緋帔。舞二人、辮髪、朝霞袈裟、行纏、碧麻鞋。袈裟、今僧衣是也。楽用羯鼓、毛員鼓、都曇鼓、篳篥、横笛、鳳首箜篌、琵琶、五絃琵琶、銅鈸、貝。毛員鼓、都曇鼓今亡。
・驃国楽、貞元中、其王来献本国楽。凡一十二曲、以楽工三十五人来朝。楽曲皆演釈氏経論

この内容によると、隋代において扶南楽は天竺楽によって表現された。これは扶南楽も林邑楽のように統制されたことを意味するほか、前記のように扶南楽人が林邑楽人の代わりに林邑楽を演奏したという推測の可能性は極めて低く、扶南楽と林邑楽は両方とも天竺楽によって表現されたと思われる。それゆえに、扶南楽と天竺楽はその使用楽器が一致するものが多い。また前記したように篳篥、琵琶や銅鈸は中原ではなく周辺地域より発祥した楽器であり、漢民族の伝統的な楽舞でない少数民族の楽舞に使われる傾向が強い。さらに、扶南楽と天竺楽の舞人が共に朝霞色の行纏、いわば脚絆のようなものを纏っていることは、両者の関連を物語っている。

天竺楽の舞人は袈裟を纏っている。これが僧侶によって演じられたことの名残か、楽舞自体が仏教の教えを表現するものであったかについては定かではないが、仏教に関連する楽舞である可能性は認められよう。仏教と関わりを持つ点では、驃国楽に通じる。

貞元年間（七八五〜八〇五）に献じられた驃国（現ミャンマー）の楽の特徴は、「皆演釈氏経論之辞」、つまり仏教の教理を説くための楽である。驃国楽と天竺楽との直接の関係は明記されていないが、仏教の教えを音楽で表現する点においては両者が共通していると言える。ここで興味深いのは、『新唐書』礼楽十二の記述によれば、驃国楽は剣南西川節度使の韋皐（七四六〜八〇五）によって改編されたあとに献じられた[27]、ということである。驃国楽がもともとどのような楽舞であったのか、また節度使の韋皐がどのぐらい本来の内容をもとに改編したのかは定かでない。少なくとも、驃国楽は仏教の教理を説くのに相応しい楽であろうと節度使に見なされていたと言える。おそらくは、当時の驃国も前述の林邑と扶南も、天竺の文化圏に属していたことがその背景であったと推測される。

南蛮楽には上記の楽のほか、やや色合いが異なる「南詔楽」も含まれる。南詔とは現在の中国雲南省大理を中心にチベット・ビルマ語系部族によって建てられた国である。南詔楽は下記の『唐会要』と『新唐書』の記述によると、驃国楽と同様に韋皐に改編された後、唐代の宮廷に献じられたのである。

貞元十六年正月、南詔異牟尋作奉聖楽舞、因西川押雲南八国、使韋皐以進、特御麟徳殿以閲之

（『唐会要』巻三十三）[28]

貞元中、南詔異牟尋遣使詣剣南西川節度使韋皐、言欲献夷中歌曲、且令驃国進楽。皐乃作南詔奉聖楽、用黄鐘之均、舞六成、工六十四人、賛引二人、序曲二十八畳、執羽而舞「南詔奉聖楽」字、曲将終、雷鼓作於四隅、舞者皆拜、金声作而起、執羽稽首、以象朝覲。毎拜跪、節以鉦鼓。又為五均：一曰黄鐘、宮之宮；二曰太蔟、商之宮；三曰姑洗、角之宮；四曰林鐘、徴之宮；五曰南宮、羽之宮。其文義繁雜、不足復紀。徳宗閲於麟徳殿、以授太常工人、自是

殿庭宴則立奏、宮中則坐奏。　　　　　　　　　　　（『新唐書』巻二十二）〔29〕

『唐会要』によれば、貞元一六年（八〇〇）に南詔（現雲南省）の異牟尋（七五四〜八〇八）が聖楽舞を作り、雲南の八国を治めた西川節度使韋皐にそれを献じ、皇帝がわざわざ麟徳殿においでになりそれをご覧になった。『新唐書』では、貞元年間、南詔の異牟尋が西川節度使韋皐に使者を送り、異民族の歌曲を献じたいと言い、かつ驃国に楽を献じさせ、そして韋皐が「南詔奉聖楽」を作った、という。二つの記述を合わせ見ると、韋皐が南詔異牟尋の謁見後に作った「南詔奉聖楽」は、南詔異牟尋の作である「奉聖楽」をもとにしたことは想像に難くない。同じく韋皐によって改編された驃国楽が「皆演釈氏経論之辞」の楽であったことはすでに述べたが、それに対し、この南詔奉聖楽は朝覲をかたどり、中国古代の五声音階——宮・商・角・徴・羽——に整えられ、唐長安城大明宮の宴会や面会の重要の場所である麟徳殿で演奏された儀礼的な一面を有する楽舞であった。

このように、南蛮楽である扶南楽と天竺楽はともに天竺楽によって表現され、天竺楽と驃国楽はともに仏教と関わりを持っていた。このことは当時これらの地域が同様の文化圏に属することがその背景になると考えられる。一方、南詔楽は地理的にも、文化的にも天竺文化圏に属さないことから、同じ改編者であった韋皐の手によって作り直されても、驃国楽と同様に仏教と関連する楽舞にはならなかったと思われる。したがって、扶南楽と驃国楽および四方楽に列しなかった林邑楽は唐代の宮廷によって天竺楽にまとめられたが、この天竺楽への統制は「南蛮」のすべての国や地域に施されたわけではなく、南詔楽は中原の楽に真似して作り直されたのであった。

以上で唐代の四方楽、すなわち東夷・北狄・西戎・南蛮の四つの周辺地域の歌、楽と舞について見てきた。四方楽の特徴は、以下のようにまとめることができる。

まず、楽と舞が伴う東夷楽は、すでに初唐時代には衰退の傾向が見られ、歌が中心となる北狄楽も唐代ではその曲数が減少し、歌詞の意味の伝承も途絶えるなど、衰退の傾向が見られた。東夷楽の中の高麗楽は唐代の九、十部楽に取り入れられたが、この二つの楽は唐代において中心的な位置にあったとは言い難い。

次に、西戎楽は西域に生まれた楽器を用い、舞人の装束などより、異国情緒に溢れた楽舞であったことは想像に難くない。西戎楽の五つの楽はすべて唐代の十部楽に取り入れられ、主導的な立場にあったと考えられる。

最後に、南蛮楽には二つの流れがあり、一つは天竺、もしくは天竺によって想起される仏教と関わる楽舞であり、もう一つは中原の楽に改変された楽舞である。唐代の九、十部楽に取り入れられたのは天竺楽であるが、この天竺楽は当時天竺文化圏にある扶南の音楽を表現させられたことから、朝廷から南蛮楽に対する統制があったことが推測される。四方楽のうち、南蛮楽は朝廷によって改編され、統制された点において、特に興味深いところである。

唐代宮廷饗宴楽――燕楽――の中、散楽を除いた楽舞は九、十部楽に編成され、そのうちの多くは西戎楽を中心とする四方楽であった。また、九、十部楽に編成された天竺楽は天竺一国の楽舞ではなく、統制された南蛮楽の代表的楽舞ではないだろうかと考えられる。

第三節　遣唐使と唐代宮廷音楽の伝来

外来楽舞はかなり早い時期より日本に伝わっていた。『日本書紀』巻十三允恭天皇紀によれば、允恭天皇が崩御した際、新羅から「種々楽人八十」が渡来、泣き悲しみ、歌舞で弔したとの記述がある。その後、『新撰姓氏録』によると、欽明朝（五三九〜五七一）に呉国から出た和薬使主によって「伎楽調度一具」などが日本にもたらされた[30]。伎楽は呉楽とも呼ばれ、中国南部の呉に行われた仮面と劇的な物真似を有する楽舞であるが、日本における伝習が本格的に行われたことが、『日本書紀』巻二十二推古天皇紀の記述によって知られる[31]。のちに、伎楽は法会を荘厳する楽舞として普及したほか、外国の賓客をもてなす目的で演奏されるなど、国家的儀礼に用いられた初めての外来芸能となった。

伎楽という言葉はしばしば経典に見られ、本来は仏を供養するための音楽という意味合いである。

ところが古代日本に伝来、演奏された楽舞としての伎楽は、その内容が極めて「卑俗に流れやすい物真似的要素の濃い芸能であった」[32]。その一方、七世紀初頭の冠位十二階制の制定、十七条憲法の発布とその後の大化の改新などの国内改革によって、日本は隋唐に倣って豪族の官僚化に法的組織を与え、天皇を中心とする中央集権的な政治制度が形成されていく。このような律令国家の形成にともない、それに相応しい楽舞は単なる娯楽的な色彩を有するものではなく、国家荘厳の役割を果たすことができる儀礼的な楽舞が必要とされてくる。当初外来文化の象徴という意味合いを持つ仏教では伎楽を含む外来楽舞が用いられたが、鎮護国家の役割を担う仏教にも、それに相応しい楽舞が求められるようになった。こうした歴史背景のもとに、物真似の性格が強い伎楽は律令国家に重視されなくなり、次第に儀礼音楽の場から離れていく。そして、伎楽に代わって古代日本楽舞の主流となり、儀礼音楽として開花したのが朝鮮半島や渤海[33]より伝来した楽舞と中国大陸より伝来した楽舞である。

中国を統一した唐帝国は七世紀を最盛期としてその諸制度が整備され、東西南北に国威を発揚し、東アジア諸民族の政治や文化などの面に大きな影響を及ぼした。日本も唐帝国の先進文化を取り入れ、日本の革新を促進しようという朝廷の狙いで遣隋使に引き続き、遣唐使が派遣された。その成果と影響は律令国家の形成のみならず、外来楽舞の伝来などの文化交流にも及んだ。

遣唐使は舒明天皇二年（六三〇）に犬上三田耜（生没年不詳）が派遣された初回から、宇多天皇寛平六年（八九四）に菅原道真が任命されるに至るまで、二六四年間にわたって続けられた。遣唐使の回数にめぐって諸説は見られるが、その大きな分岐点は唐使の送迎を含むか否かというところである。本研究はこれらの使節団が日本にもたらした文化的影響に重点を置いているため、自主的な派遣であったか唐使の送迎であったかについては論じないこととし、以下、朝廷からの派遣、唐使の送迎と入唐しなかったものをすべて遣唐使と呼ぶことにする。

『延喜式』大蔵省式には「入諸蕃使」の入唐随行員とその俸禄が記され、それを参照し、遣唐使節団の成員の構成を挙げると、以下の通りである[34]。

入唐大使、副使、判官、録事、知乗船事、訳語、請益生、主神、医師、陰陽師、画師、史生、射手、船師、音声長、新羅奄義等訳語、卜部、留学生、学問僧、雑使、音声生、玉生、鍛生、鋳生、細工生、船匠、傔人、挾杪、還学僧、水手長、柂師

上記の中、大使、副使、判官と録事の四等官は唐代の状況を熟知する官僚より選ばれた人物であるが、そのほかの随行員は各専門分野より選ばれた職人である。下線を付した音声生と音声長について、遣唐使の任命を記した正史にはその詳しい活動が書かれていないが、『続日本後紀』巻五承和三年（八三六）、閏五月丙子の条に「河内国人遣唐音声長外従五位下良枝宿祢清上、（中略）改本居貫附右京七条二坊」[35]とある。すなわち遣唐使の音声長として任命された清上という人物が本貫を右京七条二坊に改めたのであった。

清上はもともと河内国の人、本姓は大戸の首である。大戸清上は遣唐使に従って入唐し、帰朝の日に船が逆風に遭い、南海の地に漂着したが賊人に殺されたという記述が『日本三代実録』巻十一貞観七年（八六五）一〇月の条にみられる[36]。同条は平安時代前期の雅楽家、雅楽権大允外従五位下和邇部宿禰大田麻呂（七九八～八六五、以下「和邇部大田麻呂」と称す）の卒伝であるが、その内容によると、和邇部大田麻呂は笛を吹く技術で朝廷に仕え、始めは大戸清上に師事し笛を学んだ。和邇部大田麻呂の笛の師匠であった大戸清上はまた「清上楽」の作者として伝承されている。『教訓抄』には以下のような記述がみられる。

清上楽
此曲ハ大戸清上最後所作也、自成愛シテ、以我名、為楽名
或云欲還唐時、作此曲、上奏諸曲之中殊、善作者、勅使以名、其曲為名云々

「清上楽」は大戸清上が最後の作品である。大戸清上がこの曲を自ら愛しているため、自分の名前を曲名にした。或るひと曰く、（聘唐使に従って）唐に帰る時、この曲を作った。諸曲の中のとりわけ優れた作品である。勅使が清上の名前を曲名にした。

と、書かれたのである。

大戸清上は「清上楽」のほか、「感秋楽」、「応天楽」などの曲も作り、また日本に入った外来楽曲の囀《さえずり》の詞や舞の改編にも携わるなど、笛の名手としてのみならず、音楽家として平安時代に大いに活躍した。このように音楽に優れる大戸清上が音声長に務めたことは、正史に詳しく記されていない音声生と音声長の構成を知るための一つの手がかりになる。音声生と音声長はおそらく音楽に従事する職人、つまり楽師とその長であるが、当時の音楽に優れた人物によって担われていたことは想像に難くない。

唐代に派遣された楽師の役割は「唐朝に於ける礼見・対見・朝賀・拝辞等の式に列して音楽を奏する為に、随従して行ったもの」[37]であったと思われる。それに加えて、「遣唐使の一行中には医師・陰陽師・楽師・画師・玉生・鍛生・鋳生・細工生等の技術家や芸能人も加わっていたのであるから、彼等が唐に滞在期間中に、唐の進んだ技術や、すぐれた芸能を学びとることもできたわけである」[38]と指摘されるように、楽師は音楽の輸入とも関係があったと言えよう。

遣唐使の中、唐代の音楽の伝来と深く関わっていた人物としては、音声生や音声長として派遣された楽師だけではなく、吉備真備（六九五〜七七五）のように初回は留学生、二回目は副使として入唐した人物や、准判官に任命されて入唐した藤原貞敏（八〇七〜八六七）も挙げられる。

吉備真備は養老元年（七一七）に遣唐留学生として阿倍仲麻呂（七〇一〜七七〇）らとともに入唐し、天平七年（七三五）に数多くの物品を携えて帰朝した[39]。『続日本紀』巻十二天平七年四月の条によると、吉備真備が唐より持ち帰った品々の中に、楽器と『楽書要録』一〇巻が含まれる[40]。『楽書要録』は則天武后の命によって編纂され、日本雅楽の音楽理論に大きな影響を与えた唐の楽書であるが、中国ではすでに散逸してしまい、五～七巻の三巻だけが日本に現存している。吉備真備は天平勝宝四年（七五二）、鑑真（六八八～七六三）を日本に迎えるため、遣唐副使として再度唐に渡り、天平勝宝六年（七五四）に鑑真とともに帰朝した。吉備真備は唐より最新の文化を吸収する過程で重要な役割を果たしたが、その中でも、日本雅楽への影響は注目に値する。

承和二年（八三五）に准判官に任命され、承和五年（八三八）に入唐した藤原貞敏は平安前期の貴族で、琵琶の名手として知られる。彼自ら記した唐で琵琶を習った経緯は、貞保親王（八七〇～九二四）撰の旧伏見宮本琵琶譜（『南宮琵琶譜』）の跋文として残されている。

> 大唐開成三年戊辰八月七日壬辰、日本国使作牒状、付勾当官銀青光録大夫検校太子庶事王友真、奉揚州観察府、請琵琶博士。同年九月七日壬戌依牒状、送博士州衙前第一部廉承武字廉十郎生年八十五則揚州開元寺北水館而伝習弄調子。同月廿九日学業既了、於是博士承武送譜、仍記耳。開成三年九月廿九日判官藤原貞敏記［41］

大唐開成三年（八三八）八月七日、日本国使が牒状を作り、接待担当官の銀青光録大夫検校太子庶事王友真に渡し、揚州観察府に上申し、琵琶博士の紹介をお願いした。同年九月七日、牒状の内容に合わせ、州衙前第一部の博士廉承武（字は廉十郎、当年八五歳）を紹介してきた。

そこで揚州開元寺の北水館で琵琶の演奏法を伝習することとなり、同月二九日に学業を修了し、博士廉承武からこの譜を送られたため、その経緯を記しておく。

と、記されている。

一方、『日本三代実録』貞観九年（八六七）一〇月の藤原貞敏卒伝〔42〕には、藤原貞敏が唐で劉二郎から琵琶を学び、琴と筝に長ける劉二郎の娘と結婚し、紫檀と紫藤の琵琶それぞれ一面を受け取り、帰朝したと記されている。

このように、藤原貞敏の琵琶の師匠になった唐の人物については、旧伏見宮本琵琶譜の跋文と『日本三代実録』の記述には相違がみられる。この違いを解釈した説話がある。

鎌倉中期の説話集『十訓抄』巻十の一九条では、村上天皇（九二六〜九八七）が琵琶の名器と言われる玄象を一人で奏でている時、廉承武の霊が現れたという話が書かれている。村上天皇の「何者ぞ」という問いに対し、前記した廉承武は唐の琵琶博士で字は劉次郎とわが身を明かし、清涼殿の上空を通り過ぎて行こうとしたところ素晴らしい琵琶の音に惹かれて参上したと言い、藤原貞敏に伝授した曲の残りを帝に伝授したいと話した。さらに、玄象は以前藤原貞敏に譲った琵琶の一つであると言い、その晩、村上天皇に琵琶の秘曲である上原石上を伝えた、という。

この説話において、廉承武の字は劉次郎であり、藤原貞敏に譲った琵琶の一面は玄象であるとされていたことは興味深い。藤原貞敏が師事した人物は、跋文では廉承武、『日本三代実録』では劉二郎と書かれているが、『十訓抄』では劉次郎は廉承武の字であり、言い換えれば廉承武と劉次郎は同一人物であると記している。次郎は二郎の発音と意味合いと同様であり、その訛字であるとも考えられる。従って、この記述によれば、廉承武は劉次郎、つまり劉二郎と同一人物である。この記述は跋文と『日本三代実録』との相違を埋めた内容とも言えよう。また、藤原貞敏が廉承武から受け取った玄象と青山という琵琶が天皇の御物になった話は広く伝えられ、『古今著聞集』や『今昔物語集』『平家物語』などの説話集、物語集に記されている[43]。『日本三代実録』には二面の琵琶の素材についてしか書かれておらず、『十訓抄』はその一面が玄象であることしか言及していないが、両者とも唐の廉承武から藤原貞敏を通して本朝に伝わった玄象・青山にまつわる説話の類であると考えられる。

いずれにせよ、帰朝した藤原貞敏が「賀殿」の曲を琵琶で習い伝えたなど、曲の改編に携わり、音楽に大きく貢献したことは『教訓抄』の記述によって知られる[44]。唐で琵琶を習った経歴が彼の活躍を促したとも言えよう。

遣唐使節団の中、音楽の伝来と深い関わりを持つ人物には、ほかに永忠（七四三〜八一六）という僧侶がいる。高僧の伝記や仏教の歴史などを記した鎌倉時代の説話集『元亨釈書』によれば、永忠は宝亀年間に留学僧として入唐し、延暦の末に遣唐使とともに帰朝したのち、桓武天皇（七三七〜八〇六）の勅命によって、近江国（滋賀）にある梵釈寺を司った。その後、遺言によって、唐から持ち帰った『律呂旋宮図』と『日月図』を各二巻、律管一二管と塤一二枚を献上した[45]。弘仁六年

（八一五）四月二二日、嵯峨天皇（七八六～八四二）が近江国唐崎に行幸の際、大僧都であった永忠が梵釈寺において、天皇に茶を煎じて献じた内容が『日本後紀』に見られ[46]、茶文化史上の欠かすことのできない記事である上、永忠が帰朝後の大いに活躍した事実を反映した史料である。

永忠が持ち帰ったとされる『律呂旋宮図』は現存しておらず、その内容を確認することができないが、旋宮図とは中国古代の旋宮法を表す楽律図である。日本に伝わった最初の音楽書は前述の通り、吉備真備が唐より持ち帰った『楽書要録』であり、その第七巻には「律呂旋宮法」が収録されている[47]。永忠が献上した『律呂旋宮図』と『楽書要録』に記される旋宮図がどのような関係であるかは定かではないが、両者は同時代の類似するものであると推測され、共に日本雅楽における唐楽の音楽理論の吸収に影響を与えた文物であったと言える。

このように、遣唐使節団の中に大陸音楽の伝来と深く関わった人物は楽人のみならず、留学生や留学僧、官人にも及んでいた。楽人は二つの役割を担っており、その一つは使節団が唐代の諸儀式において日本音楽を演奏することであるが、もう一つ重要な使命は唐代の音楽、歌舞および歌う技術と演奏技術を学び、吸収することであった。留学生や留学僧、官人が音楽の伝来において、楽人ほど積極的かつ実践的ではないが、音楽書や楽器などを持ち帰ることによって、日本雅楽の制度化と組織化を促す効果をもたらしたと認められる。

一方、時おり遣唐使に伴って来日した外国の人々もいた。その中、唐から来日した皇甫東朝（生没年不詳）や、のちに婆羅門僧正と呼ばれる天竺僧の菩提僊那（七〇四～七六〇）は古代日本雅楽の発展に大きな影響を与えたと思われる人物である。

『続日本紀』巻十二では、天平八年（七三六）八月に「入唐副使従五位上中臣朝臣名代等、率唐人三人波斯一人拝朝」[48]、遣唐使副使の中臣名代（?〜七四五）などが唐人三人と波斯人一人を率いて、拝朝したと記している。ここでは、唐人の三人について詳しく書かれていないが、同年一一月戊寅の条には「天皇臨朝、詔授入唐副使従五位上中臣朝臣名代従四位下（中略）唐人皇甫東朝、波斯人李密医等授位有差」[49]、遣唐使副使は従五位上から従四位下を授けられるほか、唐人皇甫東朝と波斯人李密医などもそれぞれ異なる位を授けられた、と書かれている。この二つの記述を併せ見ると、李密医は八月の条で記された波斯人であり、皇甫東朝はその唐人の一人であると推測される。

また、『続日本紀』天平神護二年（七六六）一〇月癸卯の条によると、「授（中略）正六位上袁晋卿、従六位上皇甫東朝、皇甫昇女並従五位下、以舎利之会奏唐楽也」[50]、袁晋卿は正六位上を授けられ、皇甫東朝と皇甫昇女（生没年不詳）は共に従六位上から従五位下に叙せられ、舎利会の時に唐楽を奏でたのである。その後、神護景雲元年（七六七）三月には、皇甫東朝は「雅楽員外助兼花苑司」に任じられ[51]、雅楽を携わる一員として日本における唐楽の発達に努めた。

遣唐使が派遣される間、日本からの楽人、官人、留学生・留学僧たちが唐代で音楽の楽理と実技などを吸収し、音楽に関する文物を日本に持ち帰ることによって、唐代の音楽理論、楽器や演奏法などが日本に伝わった。その上、中国または中国経由で日本に渡来した人々により、大陸の楽舞が当時の先進文化の一端を担うものとして、古代律令国家に吸収され、古代の貴族社会に浸透し、日本雅楽の不可欠な部分として体系的に伝えられ、国家的儀礼に用いられるようになったのである。
次節では、こうして外来楽舞を吸収した日本雅楽の伝承の担い手について見ていこう。

第四節　古代中世における日本雅楽の伝承の担い手

律令国家が成立すると、日本古来の楽舞や外来の楽舞は主に治部省の雅楽寮において教習された。律令制度は周知の事実、唐代の官制に倣って作られた制度であり、治部省下の雅楽寮は、唐代の音楽伝承機関である太常寺太楽署〔52〕に倣って制定され、楽舞の教習を主とする機関である。大宝元年（七〇一）に制定され翌二年に施行された大宝令には、宮廷楽舞を司る雅楽寮についての規定がある。『令集解』巻第四治部省の職員令には雅楽寮の人員が記されており、官人〔53〕を除いた楽人の人員表は以下の通りである〔54〕。

歌師四人　　歌人四十人　　歌女一百人

儛師四人	儛生百人	
笛師二人	笛生六人	笛工八人
唐楽師十二人	楽生六十人	
高麗楽師四人	楽生二十人	
百済楽師四人	楽生二十人	
新羅楽師四人	楽生二十人	
伎楽師一人		
腰鼓師二人		

律令制下の雅楽寮では当初、大陸や朝鮮半島から伝来した楽舞と日本的楽舞の教習が同時に行われていた。しかしながら、「大唐楽三十九人・百済楽二十六人・高麗楽八人・新羅楽四人・度羅楽六十二人・諸県舞八人・筑紫舞二十人」と雑楽生の員数を定めた『続日本紀』[55]の記述のほか、大同四年（八〇九）に公布された「定雅楽寮雑楽師事」の官符に「歌師四人、儛師四人、笛師二人、唐楽師十二人、高麗楽師四人、百済楽師四人、新羅楽師二人、度羅楽師二人、伎楽師二人、林邑楽師二人今置」[56]とみられるように、「度羅楽」と「林邑楽」が新しく正式の教習になった。このように雅楽寮では「東洋的楽舞は数次にわたって別種のものが伝来したので、当初の組織のままではなく漸次に改変が加えられていたと考えられるのである」[57]。古代日本の雅楽は何回かわたって伝

来した外来楽舞を中心に改変が加えられ、雅楽寮でも日本において改変が加えられた外来楽舞を主として教習し、その状況は「当初からの不均衡はかなり深まって来ていた」[58]のである。

こうして、朝廷で楽舞を司る役所を設ける楽官制は、宮廷儀礼の整備や貴族の音楽に対する需要の多様化にともなって変遷し、雅楽寮のほか、歌舞所、大歌所、内教坊、大内楽所が次々と成立する。

歌舞所について、林屋辰三郎は、雅楽寮に軽視されがちな古舞＝日本的歌舞の復興につとめた諸王臣子等が、日本音楽部（歌師・舞師の担当する部分）の独立を目的として、雅楽寮とは別個に臨時的に宮中に設けたものであると主張した[59]。荻美津夫は歌舞所の管掌する日本的歌舞は、「久米舞・五節舞・楯伏舞・筑紫舞のような、雅楽寮において教習される儀礼的なものではなく、宮廷などにも伝えられた民間や地方の歌舞」であると述べ、さらに「歌舞所とは諸王臣子等がこれらの古歌舞を余興的に教習するところで常設的なものであり、大歌所こそ雅楽寮の儀礼的な日本古来の歌舞の独立になるもの」と主張した[60]。

内教坊は中国の制度を模し、女楽（女子の音楽）を教習したものであり、白馬節会・踏歌節会・内宴・菊花宴などに仕えた。

大歌所と内教坊の成立によって、日本的歌舞の教習は大歌所の所管に、女楽は内教坊の所管に移された。前述したような雅楽寮の定員の増減に加え、このような歌舞所・大歌所と内教坊の独立を通じて、雅楽寮では時代の要求に従って外来楽舞を吸収し、日本的歌舞を分立させる方法が取られ、徐々に男子の外来楽舞の教習所に限定されていった。さらに、嘉祥元年（八四八）九月二二日付の太政官符「応減定雅楽寮雑色生二百五十四人事」[61]にもみられるように、律令制度が廃れていくと、雅楽の国家的教習もまた徐々に縮小していった。

雅楽寮の楽人の人数が減少した要因の一つとして、「近衛府を中心とした衛府が奏楽を掌るようになったこと」[62]が挙げられる。律令制下の衛府は最初五衛府であったが、幾度の変遷を経て、弘仁二年（八一一）には左右近衛府・左右兵衛府・左右衛門府の六衛府となった。衛府は元来、天皇身辺と宮城の警衛に主として携わったが、宮廷儀礼における儀仗、相撲や競馬、そして軍楽として鼓吹することにも従事していた。衛府は次第に奏楽の機会を得て、雅楽寮とともに平安時代の雅楽の一端を担うようになったと思われる。こうして衛府の楽人が主として補任された新たに誕生した雅楽教習機関が「楽所」であった[63]。村上天皇のとき、天暦二年（九四八）に大内に楽所が成立した[64]ことは、近衛府の雅楽への進出を背景にしていると思われる。楽所はもともと楽人の詰める場所すなわち雅楽寮の臨時施設を意味していたが、やがて独立した機関として位置付けられ、次第に実質的に雅楽寮の楽師出身の楽人を圧することになった。それにしたがい、雅楽寮の教習の仕事は楽所に移され、雅楽寮は単なる官人機構にとどめて、有名無実の機関となった。

前述のように、雅楽寮の規模の縮小、近衛府の雅楽への進出、楽所の成立などという楽官制度の変遷に伴い、音楽に関する制度の改変も進められていった。田辺尚雄は『日本音楽史』[65]でこの改変を「楽制改革」と呼ぶことを提唱している。楽制改革の内容は①楽器編成法の改革②舞楽演奏の形式の改変（左右両部制）③舞楽曲形式の完備④音階の変革⑤新曲の作成と伝来中絶曲の復元や伝来曲の改作、の五つである。

上記の②、つまり舞楽を左方、右方に二大分類し、左方には唐楽と林邑楽を含み、左方唐楽と称した。右方には高麗楽、百済楽、新羅楽および渤海楽を含み、右方高麗楽と称した。この左右両部制という体制が整えられたことは、楽人の社会に影響を及ぼした。つまり、「左右両部について専門が生まれ、左舞人・右舞人という役割が固定することになる」〔66〕。それぞれの舞人の代表、すなわち左舞を構成・世襲した狛氏の流祖狛光高（九五九〜一〇四八）以下の代々が左近衛府の将監となり、右舞を構成・世襲した多氏も多公用（?〜九八六）以下の代々が右近衛府の将監の地位についたのである。近衛府の官人たちの雅楽への進出は徐々に増えたことは、『小右記』や『御堂関白記』などの公家の日記に記された事例によって知られる。それらの事例は、「近衛の官人の中に舞楽をもって貴族の子弟の師となるものや、父より子へと舞が継承され官人のなかに舞を世襲化する動きが現れてきたことを示すものであるが、そうした近衛の楽人たちのなかから、しだいにその王座を占めたのが狛氏、多氏などの楽家であった」〔67〕。このなかで、狛氏は南都興福寺に所属し、多氏は京都方とも言われる大内楽所の楽人であった。

楽所と楽家の誕生は、雅楽寮の楽師に代わって新しい楽舞の伝承の担い手が現れたことを意味している。雅楽は律令の規格から徐々に変遷をたどり、宮廷楽舞に相応しい変貌を遂げた。その際、楽舞の教習と伝承の中心となったのはこの「楽所」である。大内楽所のほか、南都興福寺と摂津四天王寺（大阪）を中心に、神事・法会で雅楽を必要とした社寺にも楽所が成立した。このうち南都楽所は、興福寺に属する左舞人の狛氏、東大寺に属する右舞人山村氏などが中核であった。『教訓抄』の著者である狛近真はこの南都楽所の興福寺に所属し、左方舞人の代表である狛家の出身であった。

次章では『教訓抄』の成立背景として、この狛氏の家系や活躍とともに狛近真の生涯を見た上で、『教訓抄』の内容と版本を述べていく。

注

1 本書においては、一般的な楽曲の節（メロディー）と舞踊の両方を含むものを「楽舞」とする。日本雅楽の演奏様式の一つを意味する場合、固有名詞の「舞楽」を用いる。歌と舞を指す場合は「歌舞」、日本本土を起源とする古来の歌と舞は「国風歌舞」を用いる。

2 小野亮哉監修『雅楽大事典』（音楽之友社、一九八九年）、芝祐靖監修『雅楽入門事典』（柏書房、二〇〇六年）。

3 渡辺信一郎『中国古代の楽制と国家――日本雅楽の源流――』（文理閣、二〇一三年）三三〇頁。なお、渡辺氏は現行雅楽を①舞楽（左方の楽、右方の楽）②管弦（唐楽）③上代歌舞④うたいもの、の四種類に区別したが、筆者は発祥地に重点を置くことから、『雅楽大事典』や『雅楽入門事典』の内容に基づき、本書では三種類に分けた。『明治撰定譜』による雅楽曲の選定など、明治国家と雅楽の関係については、塚原康子『明治国家と雅楽――伝統の近代化・国楽の創成――』（有志舎、二〇〇九年）を参照されたい。

4 田辺尚雄『日本音楽史』（雄山閣、一九三二年）、七頁。なお、表記は新字体、現代仮名づかいに改めた。

5 唐代の中国から伝来した楽舞、林邑楽のほか、それらを真似て日本人が作った楽舞も含まれる。

6 朝鮮半島や渤海から伝来した楽舞のほか、それらを真似て日本人が作った楽舞も含まれる。

7 岸辺成雄『唐代音楽の歴史的研究 続巻』（和泉書院、二〇〇五年）二八三頁。

8 岸辺成雄『唐代音楽の歴史的研究 続巻』（和泉書院、二〇〇五年）二八四～二八七頁。渡辺信一郎『中国古代の楽制と国家――日本雅楽の源流――』（文理閣、二〇一三年）三四二～三四三頁。

9 渡辺信一郎『中国古代の楽制と国家――日本雅楽の源流――』（文理閣、二〇一三年）三四三頁。

10 楊蔭瀏『中国古代音楽史稿』（人民音楽出版社、一九八一年）二一五頁。

11 「燕楽」は広義では饗宴楽の総称、狭義では九部楽と十部楽の一つの名称であるが、本研究において、

12　広義の「燕楽」と区別するため、狭義の場合は「讌楽」と表記する。
　この節は拙稿「唐代の宮廷に響く異国の旋律——四方楽——」『エコ・フィロソフィ研究』第九号（二〇一五年三月）を加筆したものである。
13　（唐）杜佑『通典』（中華書局、一九八八年）三七二三頁。
14　驃国が楽を献じた年について、『旧唐書』巻一三「徳宗下」と『唐会要』巻三三では貞元一八年（八〇二）と記されているが、元稹（七七九～八三一）が著した「和李校書新題楽府十二首」の「驃国楽」の題注には「貞元辛巳歳」すなわち貞元一七年（八〇一）とされており、以後の『新唐書』も貞元一七年と記されている。
15　『旧唐書』志九・楽二、「宋世有新羅、百済伎楽」。『旧唐書』（中華書局、一九七五年）一〇六九頁。
16　『旧唐書』志九・楽二、「魏平馮跋、亦得之而未具」。『旧唐書』（中華書局、一九七五年）一〇六九頁。
17　（唐）杜佑『通典』（中華書局、一九八八年）三七二二～三七二三頁。
18　中国の古代において、臣下が君主に会うことを「朝」、君主が臣下に会うことを「会」、併せて「朝会」と呼ばれる。古代朝会には元旦、冬至や祝賀の日に行われる大朝会と、普段に行われる常朝会の二種類がある。
19　（唐）劉粛『大唐新語』（歴代史料筆記叢刊、中華書局、一九九七年）巻九・諛佞第二十一、一四三頁。
20　（唐）杜佑『通典』（中華書局、一九八八年）三七二五頁。
21　（後晋）劉昫等撰『旧唐書』（中華書局、一九七五年）一〇六九頁。
22　「周武帝聘虜女為后、西域諸国来媵、於是亀茲、疏勒、安国、康国之楽、大聚長安」、（後晋）劉昫等撰『旧唐書』（中華書局、一九七五年）一〇六九頁。
23　（唐）杜佑『通典』（中華書局、一九八八年）三七二四頁。

24 拙稿「浄土変相図に描かれる迦陵頻伽の考察——敦煌壁画を中心に——」（日本比較文化学会『比較文化研究』第一〇三号、二〇一二年九月）一～一四頁。本書第三章。
25 （唐）杜佑『通典』（中華書局、一九八八年）三七二六頁。
26 （後晋）劉昫等撰『旧唐書』（中華書局、一九七五年）一〇七〇頁。
27 「至成都、韋皋復譜次其声、又図其舞容、楽器以献」、（北宋）欧陽修等撰『新唐書』巻二二（中華書局、一九七五年）四八〇頁。
28 （北宋）王溥撰『唐会要』（中華書局、一九五五年）六二〇頁。
29 （北宋）欧陽修等撰『新唐書』（中華書局、一九七五年）四八〇頁。
30 塙保己一編『群書類従』（経済雑誌社、一九〇二年）第一六輯巻四四八所収の『新撰姓氏録』和薬使主の条による。「出自呉国主照淵孫智聴〈聡〉也、欽明天皇御世、随使大伴佐弖比古、持内外典薬書明堂図等、百六十四巻、仏像一躯、伎楽調度一具等入朝」、呉の国主照淵の孫の智聴（聡）から出た和薬使主が欽明天皇の御代、大伴佐弖比古すなわち大伴狭手彦にしたがい、内外典薬書、明堂図や仏像一躯などとともに伎楽調度一具を持って来朝した。
31 『日本書紀』推古天皇紀によると、推古天皇二〇年（六一二）、「百済人味摩之帰化曰。学於呉得伎楽舞。則安置桜井而集少年令習伎楽舞」、百済から帰化した味摩之が会得した呉国の楽舞を伝え、大和の桜井に少年を集め、その伝習を行ったと記されている。黒板勝美編『日本書紀』（新訂増補国史大系第一巻下、吉川弘文館、二〇〇〇年）一五五～一五六頁。
32 芸能史研究会編『日本芸能史Ⅰ　原始・古代』（法政大学、一九八一年）二三二頁。
33 七世紀から一〇世紀初期にかけて、中国の東北地方と朝鮮半島北部を支配した国である。
34 黒板勝美編『延暦交替式 貞観交替式 延喜交替式 弘仁式 延喜式』（新訂増補国史大系第二六巻、吉川弘文館、二〇〇〇年）巻三十、七三七〜七三八頁。

35 黒板勝美編『続日本後紀』（新訂増補国史大系第三巻、吉川弘文館、二〇〇〇年）五四頁。

36 「承和之初、清上従聘唐使、入於大唐。帰朝之日、船遭逆風、漂堕南海賊地、為賊所殺。本姓大戸首、河内国人」。経済雑誌社編『日本三代実録』（国史大系第四巻、一九〇一年）一九一頁。

37 来宮泰彦『日華文化交流史』（冨山房、一九五五年）一一六頁。

38 森克己『遣唐使』（至文堂、一九五五年）一〇五頁。

39 吉備真備は大使多治比広成の第一船に乗船し、天平六年（七三四）一一月に多禰嶋（現九州鹿児島）に着いたが、帰朝報告したのが天平七年（七三五）である。

40 黒板勝美編『続日本紀』（新訂増補国史大系第二巻、吉川弘文館、二〇〇〇年）一三七頁。

41 宮内庁書陵部図書寮文庫所蔵旧伏見宮本琵琶譜を参照。

42 経済雑誌社編『日本三代実録』（国史大系第四巻、一九〇一年）二五八頁。

43 『古今著聞集』巻六「御琵琶牧馬同玄象と勝劣無き事」、『今昔物語集』巻二十四「玄象琵琶、為鬼被取語第二十四」、『平家物語』巻七「青山之沙汰」。

44 『教訓抄』巻一、「賀殿」。

45 黒板勝美編『日本高僧伝要文抄　元亨釈書』（新訂増補国史大系第三一巻、吉川弘文館、二〇〇〇年）二三四頁。

46 黒板勝美編『日本後紀 続日本後紀 日本文徳天皇実録』（新訂増補国史大系第三巻、吉川弘文館、二〇〇〇年）一三二頁。

47 （唐）『楽書要録』（叢書集成初編、中華書局、一九八五年）六三〜七一頁。

48 黒板勝美編『続日本紀』（新訂増補国史大系第二巻、吉川弘文館、二〇〇〇年）一四一頁。

49 前掲『続日本紀』一四一頁。

50 前掲『続日本紀』三三七頁。

51 前掲『続日本紀』、神護景雲元年（七六七）三月己巳の条、三四一頁。

52 太常寺は祭祀と儀礼を司る官庁。国家による天と社稷の祭祀を執り行い、宮廷の音楽・医者・占卜を管掌する機関である。太楽署は宮廷の式楽を教習する機関である。

53 頭一人・助一人・大允一人・少允一人・大属一人・少属一人。

54 黒板勝美編『令集解』（新訂増補国史大系、一九九〇年）八八～九〇頁。

55 黒板勝美編『続日本紀』（新訂増補国史大系第二巻、吉川弘文館、二〇〇〇年）天平三年秋七月乙亥の条、一二六頁。

56 黒板勝美編『類聚三代格 弘仁格抄』（新訂増補国史大系第二五巻、吉川弘文館、二〇〇〇年）一五九～一六〇頁。

57 林屋辰三郎『中世芸能史の研究』（岩波書店、一九六〇年）一八八頁。

58 前掲『中世芸能史の研究』一九七～一九八頁。

59 前掲『中世芸能史の研究』一九八頁。

60 荻美津夫『古代中世音楽史の研究』（吉川弘文館、二〇〇七年）八頁。

61 黒板勝美編『類聚三代格 前篇』（新訂増補国史大系第二五巻、吉川弘文館、一九九〇年）一六一～一六二頁。本条によると、定員二五四人の雅楽寮雑色生は一五四人が減らされ、一〇〇人の定員となった。そのなかで、倭楽生は一三四人から三五人、唐楽生は六〇人から三四人、高麗楽生は二〇人から一八人、百済楽生は二〇人から七人、新羅楽生は二〇人から四人に減員された。

62 前掲『古代中世音楽史の研究』二六頁。

63 前掲『古代中世音楽史の研究』二六頁。

64 黒板勝美編『日本紀略 後篇』（新訂増補国史大系第一一巻、吉川弘文館、一九〇一年）五八頁、村上天皇天暦二年八月五日の条。

65 田辺尚雄『日本音楽史』（雄山閣、一九三二年）。

66 芸能史研究会編『日本芸能史1』（法政大学出版局、一九八一年）二六三頁。

67 前掲『日本芸能史1』二六四頁。

第二章　『教訓抄』の成立と内容

第一節　狛近真の生涯

日本雅楽の重要な構成部分である舞楽はもと大陸から伝来したが、その際に渡来人が大きな役割を果たした。前章で述べたように、南都楽所に所属した狛氏は、舞楽の代表的な楽家として雅楽の伝承と教習に携わり、大陸文化を伝え、日本に大きな影響を与えた渡来人の家系の一つである[1]。

天永元年（一一一〇）から弘長二年（一二六二）にわたり楽所の官人に与えた官職・位階を記録した『楽所補任』[2]の内容から、楽家としての狛家の活躍は一目瞭然である。興福寺楽人として明確に記されているだけでも、狛行貞・狛行則・狛行光・狛則友・狛則助・狛光近・狛季時・狛行時・狛光弘・狛光行・狛則近・狛光助・狛行近などの名がみられ、その他にも狛近真を含む狛家の楽人の名が多く記されている。現存する狛家の系図は『楽所系図』や『続群書類従』第七輯に所収の系図がある。前者の一部は林屋辰三郎『中世芸能史研究』[3]に抄出されたほか、『音楽事典』[4]や『日本家系・系図大事典』[5]にも収録されている。また荻美津夫『日本古代音楽史論』においても狛家の系図を整理している[6]。

これらの書物や系図によると、狛氏は高麗人である滋井国叶（生没年不詳）を祖とし、狛好行を祖とする左舞を伝承する家系である。狛氏は五代目の狛衆行が興福寺職掌の地位を得て以降、南都楽人の中心的な存在として、代々大和地方の社寺の楽舞を司ってきた。九代目の狛光高（九五九～一〇四八）は左方舞楽の長たるべき者という意味を持つ「左方一者」に任じられ、これによって、狛氏は宮廷雅楽にも参加するようになったのである。狛氏のその他の人物についても、狛好行が大宰府庁舞師の首と為したことや、狛光則が大治三年（一一二八）円勝寺供養の際に栄爵に叙されたことなど、彼らの地位や出自の一部が『楽所補任』には記されており、すべてが明らかな状況ではないが、狛氏が雅楽に多大な貢献を果たしたことが分かる。また、『古今著聞集』の管弦歌舞第七に収録された「狛光季賀殿地久を奏舞の事」〔7〕や「仁和寺の一切経会に狛光時颯踏急声二反を舞ひ狛行則一反を舞ふ事」〔8〕からも、狛氏の活躍を垣間見ることができる。

そのなかで、もっとも雅楽史に多大な影響を与えたのは、日本最古の総合的楽書『教訓抄』の著者、狛近真である。その生涯については、上記『楽所補任』のほか、『地下家伝』巻十一〔9〕の記述からも知ることができる。狛近真は狛氏が楽家として繁栄していた時期の治承元年（一一七七）に生まれ、元久元年（一二〇四）正月十四日に左衛門少志に任じられ、その後（年月不明）正六位上に叙され、建暦二年（一二一二）正月十四日に左衛門尉に任じられ、建保六年（一二一八）正月十六日に左近将監に任じられ、仁治二年（一二四一）二月八日に従五位上に叙され、同三年（一二四二）正月二十五日に数え年六六歳で卒去した。

狛近真の父については不明とする説、興福寺五師聖順（生没年不詳）とする説、藤原忠道《ママ》（一〇九七〜一一六四）公孫の恵信（生没年不詳）とする説がある〔10〕。母が青蓮尼と呼ばれる人であり、狛光近（近真の祖父）の娘とする説と、光近の姉とする説がある。狛近真は狛氏庶流の狛則房（生没年不詳）の養子となって〔11〕笛を相伝し、また実兄の光真に嗣子がいなかったため、そのあとを継ぎ、嫡流として舞を相伝したのである。狛近真の著作について、「楽所系図」の項では『尋本抄』と記されるが、その内容は不明である〔12〕。また、奈良県春日大社に所蔵される各々内容の異なる七巻の楽書群である「春日楽書」に収録された『舞楽古記』と『舞楽手記』の編纂や書写には、狛近真も関わっていたとみられる〔13〕。そして彼が著した『教訓抄』こそ、総合的楽書の模範を築き、後世にもっとも影響を与えたとされてきた楽書である。

次節で、『教訓抄』の成立背景として、狛近真の著述の動機と背景を見る。

第二節　『教訓抄』著述の動機と背景

『教訓抄』は天福元年（一二三三）に成立した楽書とみられ、その巻一「嫡家相伝舞曲物語 公事曲」の序文では、その著述について以下のように書き記している［14］（ルビは一部のみ、以下同）。

予竹馬ニムチヲ打、手車ニノリシ程ヨリ、母達ノ方ニハ、因縁子細侍間、伶楽ノ家ニマシロヒ侍シカハ常ニ、霓裳ノ曲ハマナコニサイキリ、絃竹ノ響ハミ、ニミテリシカハ、ヲリフシニ付ツヽ、心イサナハレ侍シ時ニ、廻雪《舞名》ノ袖ハ楊柳ノ風ニシタカフヲマネビ、龍賀《フエヒチリキ》ノ詞ハ春ノ鶯ノ囀カトウタカヒツヽ、イツクニ、春秋ヲオクリ、ムナシク月日ツモルトイヘトモ、当道ノ交衆トハ更ヲモヒヨラサリキ、唯春ハ春日ノ野辺ニ霞トトモニタチイテヽ、龍笛ヲ嘯テ日ヲクラシ、秋ハ三笠ノ森ノ月影ニサソワレテ、賀舌《篳篥名》ヲ含テ夜ヲアカシテ、春モスキ、夏タクル事モ、サスカニ年月ヲ、クツモリニケレハ、雲客ニ袖ヲツラネ、賤女ノマトヒニ膝ヲクミテ、露ニヌレ、霜ニウタレヌル功ノモヨヲスニヤ、神明ノ御ハカラヒヤ侍ケン、又先縁ノシカラシムル期ヤイタリケム舞笛絹塵ノ秘曲、一事ノコサススミヤカニ相伝畢ヌ、爰ニイサヒヲナシテ、自生年廿六歳始テ加舞道ノ一烈ニ、朝庭ニ仕間、当座ノ名誉ハホトコストイヘトモ、面目ニアラス云事ハナク、二道ヲカヘリミレハ、秘曲ミニアマリテ、傍輩ムネヲヤスメス、官職ヲ思□、同輩ノカウヘヲフミテ、祖父ノアトヲヒタリ、曽祖父カ記録ヲ伝得テ、尤モ嫡家ノ流タリ、而齢即ニ六旬ニミチナムトス、口惜カナヤ一両ノ息男アリトイヘトモ、道ニスカスシテ徒□アカシクラス事、宝山ニイリテ、手ヲムナシクテイテナムトス、甚愁歎無極者ナリ、仍子ヲ思フ道ニハマヨフナル事ナレハ、カタクナハシキ事トモオ、少々シルシヲキ侍ヘシ、後見ノシリヲナスヘカラス、凡古老無双ノ人々ニ、多年ノ間ソヒタテマツリテ侍シカハ、舞楽ニ付各口伝物語ハ、ソノカスウケタマハリシカトモ、ミ、タモチナカリケルミノクチヲシサハ、ミナワスレ侍ヌラメトモ、予カクレ候ナムノチハ、メクラノ杖ヲウシナ□タルカコトクニテ、天ヲウラミ侍スラム、スヱノ世ニ、ミルヤウ侍トキニ、モシ心□□□□□レカシトテ、十巻抄ヲツクリテ、教訓抄ト名タリ、コレヲヨクヘ見ヲホエテ、譜ヲハミルヘシ

ここで用いたテキストは二松学舎大学21世紀COEプログラム「日本漢文学研究の世界的拠点の構築」によって翻刻されたものである。『教訓抄』の版本については次節で述べていく。上記の□で示した欠落の部分を、日本思想大系の『古代中世芸術論』所収のテキストの内容で補ったうえで、以上の序文の大意を次に示す。

私（狛近真）が、竹馬に鞭を打ち手車に乗っていた幼少の頃から、母方の家は因縁や子細があったので伶楽の家と交際を持っていた。それで、いつも霓裳の曲譜が目に入り、管弦の響きが耳に入るので、その時々に応じて、我が心が誘われたときに、舞曲「廻雪」の舞いは楊柳風に従うような真似をしたものだ。龍賀（横笛と篳篥）の音は春の鶯の囀りかと疑いつつ、どのくらいの年月を送り、かつ、月日をかさねたことか。しかしながら、自分がこの雅楽の

道を学ぶ者の一人であるとは思い寄らなかった。ただ、春は、春日の野辺に霞とともに出て、龍笛を吹いて日々を暮らし、秋には三笠の森の月影に誘われて篳篥を吹いて夜を明かした。春が過ぎて夏が終わってもそうしたことが続いた。さすがに多くの年月を重ねたものである。ともかく、雲客（殿上人）に同行し、賤女の誘惑に思案し、露に濡れて霜に打たれても、その成果があったのは、神のはからいであろう。また前世の因縁によるものなのだろう。そうして舞と笛の、大事とそうでない秘曲を一つも残さずに速やかに習い終えた。ここに舞楽の委細を極め、二六歳で初めて舞の道に加えられ、朝廷に仕えた間、当座の名誉を保ったとは言えても、面目を施すというほどのことなく、舞と楽の二道を省みれば、秘曲は身に余り、傍輩はこころをやすめることがない状態だ。官職を思えば、同輩を追い越し、祖父のあとを継いだ。曽祖父の記録を伝え得て、嫡家の流れともなった。それにもかかわらず、私は六〇歳にもなるというのに、残念なことに、一、二人ばかりの息子がいるといっても、彼らは我が道が好きでないと無駄に暮らしている。まるで宝の山に入ったのに手には何も持たないで出てくるようなありさまである。甚だ憂い、嘆きは限りない。それでもなお子の行く末を思い迷うことがあるので、頑な事々を少し記しておきたい。後に見る人からの誹りを受けたいわけではない。だいたい、古老無双の人々に長年の間、付き添ったので、舞楽について口伝や物語を多く教えてもらったが、全部を記憶することができないのは残念である。もっとも私が死んだあとは、めくらが杖を失ったようになってしまうので、むしろ天の恨みを買ってしまうかもしれない。それでも末世が見られる時に、この世界の理解の始まりともなれたらと思い、十巻の抄を作って「教訓抄」と名づけた。これをよくよく見覚えて、譜も見るべし、と。

以上から分かるように、狛近真は狛氏の舞と楽の二道を継承し、数多くの秘曲を相伝しながら、狛嫡家の伝承が途絶えることを恐れていた。上記の内容にいう二人の息子とは家芸を継げる歳になった息子であり、実際は狛近真には三人の息子がいた。しかし、長男光継は家芸を継がず、次男光葛は狂して道を執らず、三男真葛はわずか二歳であったため、彼は家芸断絶を憂慮していた。この家芸断絶への危機感が『教訓抄』の成立の第一の契機である。

また、『教訓抄』が成立した一二三三年頃は、鎌倉幕府を開いた源氏が源頼朝（一一四七〜一一九九）からわずか三代で滅び、将軍を輔佐する執権についた北条氏が幕府の実権を握りしめた頃でもあった。京都の貴族たちは後鳥羽上皇（一一八〇〜一二三九）を中心に幕府を倒そうとし、朝廷と幕府の緊張が高まるなか、承久三年（一二二一）には承久の乱が起き、幕府軍が勝利を収めた。鎌倉幕府の成立に始まる中世は武家が公家の支配を次第に退け、武家たちが逞しく活動する動乱の時代でもあった。摂政藤原氏の氏寺である興福寺の楽人でありながら、このような戦乱を経験し、武家が主導権を握りつつある時代を生きた狛近真が、家芸としてだけでなく、戦乱により雅楽そのものの伝承が断絶することへの恐怖を抱いたことは想像に難くない。

第三節　『教訓抄』と仏教説話集

『教訓抄』の成立背景と内容を理解するうえでもう一つ注目したいのが、仏教的背景とりわけ仏教説話集との関連性である。

文学に目を向けると、この時代は、史実をもとにして武士の姿を生き生きと描写する『平家物語』や、『保元物語』『平治物語』などの軍記物語が著され、特に琵琶法師によって庶民にも分かりやすい言葉で語られた『平家物語』が人々に広く流布した。軍記物語については、戦乱が続いたことや武士の台頭などがその成立背景として指摘されるが、その上、『平家物語』のような仏教的な世界観を表した書物の成立については、鎌倉仏教すなわち鎌倉時代に興った新しい宗派の仏教のうちの浄土宗の成立や、それによって浄土思想が民衆に浸透したこととも関わると考えられる。平安時代末期以降、貴族の摂関政治が衰え院政となり、その後、武士が勢力を伸ばし、世の中が激しく動き、民衆の不安が増大しつつあるさまざまな時代状況は、仏教教説上の末法思想とも一致し、現世の不安から逃れたいという厭世的な思想が貴族のみならず、庶民の間にも浸透したと思われる。『日本霊異記』『三宝絵詞』『法華験記』『古本説話集』『今昔物語集』〔15〕など一三世紀までに成立した仏教説話集はこの時代状況を反映し、一三世紀前半にはさらに『宇治拾遺物語』『今物語』『古事談』『閑居友』などが著された。『教訓抄』が成立した一三世紀のみならず、中世全体の文学史を見渡してみても、中世は説話集が盛んな時代であったと言える。この時代に、人々は説話を通して現実の混沌と向きあい、あるべき世や人生の指針、処世の知恵をこぞって求めた。生死の苦悩に正面から取り組み、救いの道を模索し、いかに生きるかを真摯に問いかけた仏教が広く信仰を集め、人々の間に浸透していくなかで、仏の教えや処世の道と生き方を教えさとした説話が語られた[16]。このような指摘を踏まえると、『教訓抄』の著者狛近真について、まだ明らかでない点は多く残されており、鎌倉仏教ではない南都六宗（奈良仏教）の一つの法相宗の本山である興福寺に所属した彼が当時の影響をどのぐらい受けたのかは断言できないとはいえ、『教訓抄』の著述については上述した時代背景を踏まえて検討しなければならないと筆者は考える。

このような『教訓抄』著述の仏教的背景を考えるうえで特に注目されるのが、巻七「舞曲源物語」序文において説かれる舞曲の由来と性格である。『教訓抄』全体の内容および体裁を理解するうえで重要な内容なので、ここで検討してみよう。

『教訓抄』巻七は序文、案譜名目、舞姿法、舞出入様、舞番、鶏婁一鼓口伝と舞奏進様から構成され、全体としては舞台への登壇方法や番舞の舞い方など実演に関する内容が記されている。ところが、その序文は「凡ソ舞曲ノ源ヲタヅヌレハ、仏世界ヨリ始」という文言から始まり、舞曲の源を説いている点で、『教訓抄』のなかでも特異な内容を持つものとして注目される。

巻七の序文について、まず以下の一段落目の内容を見てみよう（括弧で括って表記したものは朱筆による書き入れ、ルビは一部のみ、以下同）。

凡ソ舞曲ノ源ヲタツヌレハ、仏世界ヨリ始テ、天上人中シカシナカラ、妓楽、雅楽ヲ、奏□□、三宝ヲ供養シ奉テ、娯楽扶楽スル業ナルベシ、サレハカノ世界ニハ、タノシミノミアリテ、クルシミナキユヘニ、フク風、タツ波、鳥ケダ物ニイタルマテ、タヘナルコトハ妓楽ノ唱ヘ、歌舞ヲ乙《カナテ》テ、諸仏菩薩ヲ、讃嘆シタテマツルナリ、シカラハコノ道ニイラム輩ハ、コノ心ヲフカクタノミテ、信心ヲイタシテ、ミチヲイトナムヘキナリ、ソノ証少々申侍ヘ□《（シカ）》、安養□《（浄カ）》土ニ、トコシナヘニ、妓楽ヲ奏シテ、菩薩曲ヲツクス、迦陵賞賀《ヒガ》苦空無我ノ囀、ヲコタルコトナシ、都率ノ内院ニハ、常ニ慈尊万秋楽ヲ奏シテ、聖衆当来ノ導師ヲ、ホメ、タテマツル、天上世界ニハ、霓裳羽衣ノ曲ヲカナテヽ、五妙ノ音楽コクウニミチタリ、イカニメデタカルラムト、随喜シテ、カノ世界ニ生《（ウマレン）》ト、願ヲヲコスベシ、天竺ニハ、大樹竪那羅《シユキムなら》衆《シユ》、吹玉フ笛ヲ、弾琴シカハ、迦葉ハ起舞、阿難ハ声歌シ給キ、昔尺迦仏、比丘ニテ御《マシマシ》ケル時、弾琴給ケリ、其ノ琴ノ音ニ云、有□《（ウ）（ロ）》諸法ハ如幻化、三界ノ受楽如虚空トノ唱ヘリキ、其音ヲ聞五百ノ皇子、生死ノ無常ヲ観ス、唐ノ玄奘三蔵ハ、伝神功破陣曲、渡西天給タリシ時、戒日大王ノ宮ニシテ、起舞乙《タチテマイカナツ》今ノ秦王破陣ノ曲忠拍子説ナリ、舎衛国妙声ハ、仏ノ御前シテ、伎楽ヲ奏タリシ功徳ニヨリテ、三悪道《地獄餓鬼畜生》ヲハナレテ、仏ノ受記ニアツカルその大意は以下の通りである。

およそ舞曲の源を尋ねるなら、仏の世界より始めて、天上界と人間界ことごとく妓楽や雅楽を奏でて、三宝（仏・法・僧）を供養し、それらは娯楽や快楽する業であるだろう。そうであるならばあの世界には楽しみのみあり、苦しみはないがゆえに、吹く風も立つ波も、鳥や獣に至るまで、妙なる言葉で音楽を唱えて歌舞を奏でて、諸々の仏と菩薩を讃嘆申し上げるのである。そうであるから、この道に至ろうとする者は、心より深く頼んで、信心をしていれば、道を励むべきである。その証を少し申し上げよう。阿弥陀仏の安養浄土には、いつまでも音楽を奏して、菩薩の曲を出し尽くしている。迦陵頻伽は休むことなく苦空無我の囀りをする。都率の内院（弥勒菩薩の浄土）には、常に「慈尊万秋楽」を奏して、仏と菩薩などの聖者や来世に出現して衆生を救う導師を讃える。天上世界には、霓裳羽衣の曲を奏でて、五妙の音楽（五根より体験する音楽）が虚空に満ちている。どんなに素晴らしいものかと、随喜（修行方法の一つ）をして、あの世界に生まれると願うべきである。天竺には、大樹緊那羅（護法善神）が笛を吹き、琴を弾くと、迦葉（釈迦十大弟子の一人）は舞を舞いだし、阿難（釈迦十大弟子の一人）は歌を歌いだす。昔釈迦如来が比丘でいらっしゃった時に、琴をお弾きになった。その琴の音は、有漏諸法如幻化三界受楽如虚空と唱えた。その音を聞き、五百の皇子が生死の無常を観じた。唐の玄奘三蔵は「神功破陣曲」を伝え、天竺にお渡りになった時に、戒日大王（ハルシャ・ヴァルダナ）の宮殿で舞を舞った今の秦王破陣曲、忠拍子の説。舎衛国の妙声は、仏の目の前で音楽を奏した功徳により、三悪道（地獄・餓鬼・畜生）を離れて、仏の授記（未来に成仏するという予言）を授かった。

このように、巻七の序文は舞曲がその源を仏の世界に由来すると説く。仏教が描く「カノ世界」は美しい楽舞に満ち、そこにいる仏と菩薩のみならず、仏の教えを受けた人々も楽舞を奏して「三宝ヲ供養」する。

三宝としての仏法僧を供養する目的で楽舞を奏するという考えは、仏教の教えによるものである。ここでいう供養とは、三宝の仏法僧に対して香や華、楽舞などの供物を捧げることを意味する。法華経の華・香・瓔珞・末香・塗香・繒蓋・幢幡・衣服・伎楽の十種供養や密教の塗香・華・焼香・飲食・燈明の五供養などがある[17]。浄土には美しい音楽が響き、さまざまな鳥が美しい声で鳴く情景は『阿弥陀経』などの仏典に描かれている。また、ここでいう「大樹緊那羅」とは、天龍八部衆の一つの「緊那羅」、「人非人」とも呼ばれる仏法護持である。音楽に長ける緊那羅の姿は『起世経』や『方広大荘厳経』など数多くの経典に散見される。釈迦如来の弟子である迦葉と阿難についても多くの経典に記されるほか、音楽を以てこれらの仏と菩薩を供養する情景も随所に見られる。

唐の玄奘（六〇二～六六四）が「神功破陣楽」を天竺に伝えたという記述については「破陣楽」の変遷に関わるもので、検討の余地があるものの、玄奘が戒日王（在位六〇六～六四七）から唐国に秦王破陣楽という曲の有無について聞かれたことは玄奘が記した『大唐西域記』巻五にみられる。このように、『教訓抄』巻七の序文は、いろいろな経典と、『大唐西域記』のような仏教に関わる書物の記述を踏まえて、舞曲の由来を説いているのである。

このように、舞曲は仏の世界に由来するという考えについて、狛近真はその証として、続けて本朝に起きた楽舞にまつわる珍しくありがたく不思議な霊験譚を以て展開していく。

> 漢土ニハ、伊耆氏始テ舞ヲツクル、倭国ニハ、味摩子渡曲ヲウツス、其後波羅(婆)門僧正天竺ヨ
> リ、四箇曲ヲ渡シタマヘリ、或ハ遣唐使、粟田道麿破陣ノ曲ヲ伝ヘ来ル、或ハ高麗ノ下春、
> 一部ノ舞楽ヲ渡シトヽメタリ、或ハ此ノ朝ニシテ、奉勅、数箇ノ曲ヲ作リトヽム、日域《日本国》シテ、
> 歌舞音楽、目出事少々勘ヘ申ヘシ我カ大明神春日権現ハ、教円座主、暗誦唯識論十巻間タ、
> 始メ自第一巻、至第十巻、住房ノ松樹ノ下ニテ令舞給今万歳楽残舞云々、率川明神ハ、平新羅ノ軍
> □時、見船舳散手破陣ノ曲ヲ令舞給今宝冠ノ様元興寺ニトマル、役優婆塞ハ大峯シテ、蘇莫者ヲ吹給ニ、
> 山神行者ノ笛メテヽ舞乙今蘇莫者天王寺ニトヽマル、浄蔵大徳ハ、朱雀門ノ辺ニシテ、笛ヲ吹カハ楼鬼
> 高戸ニシテ、カムシテナヲラフエトナノル、件笛宇治宝蔵アリ、博雅ノ三位ハ、大篳篥ヲ吹スマシテ、式部
> 卿宮ノ、当難ヲノカレ給タリキ、北辺大臣信、箏ノ秘事ノ弾給ニ、天人アマクタリテ舞、堀
> 河左府俊房、慈尊万秋楽ヲ常ニ奏給ユヘニ、臨終ノ時彼ノ楽、此大臣ノ往生時絃歌万秋楽空中ニ聞キ耳聞テ、内院ノ迎ヲ、エ、タ
> マヘリ、京極ノ大相国宗輔、陵王ノ笛ヲ吹給シニ、生陵王車前ニ出現シテ、舞キ、阿波ノ守為

理、任国ニ下向ノ時、天下一同ノ大旱魃ナリケルニ、神拝ノツイテニ、篳篥ノ小調子ヲ吹タリケレハ、タチマチ黒雲イテキテ、雨下テ国土ユタカ也、和尓部ノ《用光》、篳篥ノ臨調子ヲ吹テ、海賊ノ難ヲタスカリ、狛ノ則高ハ、吉備津宮ニテ、陵王ノ秘事トウ◯（バ）ウカヘリ舞タリシカハ、神感アリテ御殿、ニハカニフル《震動》、狛行高ハ、皇帝ノ笛ヲ吹タリケルニ、強盗ヲ吹トヽメタリ、大神晴遠ハ、還城楽ノ秘事ヲ惜、伝ヘスシテ遊《逝》去畢、経七日後淡摩王宮ヨリ、カヘサレテ彼ノ曲ヲ伝トヽメタリ、一条ノ青侍《秋盛》、皮堂普賢講ノ、伽陀笛ヲ付タリシ功徳ニヨリテ、ソノ夜ノ定業ノ命、ハルカニノビタリ、委《クハシク》ハ舞ノ篇ニアルヘシ惣テ、極楽、都率、天上、天竺、震旦、日域ニ、此ノ道ノメテタキ事ハ、アヤウノ我等ラカサキラ《サイカクノ》ノヲヨフ所ニアラス

大意は以下の通りである。

漢土には伊耆氏が初めて舞を作った。倭国には味摩子が渡り曲を移した。その後、婆羅門僧正が天竺より四つの曲を伝えた。あるいは遣唐使粟田道麿が破陣の曲を伝えた。あるいは高麗の下春が一部の舞楽（高麗楽）を伝えた。あるいは本朝では勅命により、数曲を作ったという。日本国において歌舞と音楽の目出度い（いかにありがたい）ことについて少し先例を挙げて考えを申しあげよう。本朝の大明神春日権現は、教円座主が『唯識論』十巻を暗誦し

ている間、第一巻から第十巻まで住坊の松木の下で舞を舞われた。今の「万歳楽」の残舞云々。率川明神は新羅軍を平らげた時に、船の舳先を見て、「散手破陣曲」を舞わせた。今の宝冠の様である。元興寺に伝わる。役行者が大峯で「蘇莫者」をお吹きになると、山の神が現れ、行者の笛の音を喜び舞を舞った。天王寺に伝わる。徳の高い僧侶浄蔵は、朱雀門のあたりで笛を吹くと、楼の鬼は大声を発して深く感心した。この笛は宇治平等院の宝物である。博雅の三位は、大篳篥を吹いて、式部卿の宮（が送った刺客から）の難を逃れた。北辺大臣の源信は、箏の秘曲を弾いた時に、天界にいる天人が天下り舞を舞った。堀河左府の俊房は、「慈尊万秋楽」を常に奏でたゆえに、この大臣が臨終のときにその楽が空中に聞こえて、弥勒菩薩が説法する内院への迎えを得られた。京極大相国の藤原宗輔は、笛で「陵王」を吹いた時に、生きた陵王が車の前に出現して舞を舞った。阿波守の為理は任国へ下向の時、天下一同の大旱魃に襲われていたが、神を拝む機会に、篳篥の小調子を吹いたら、たちまち黒雲が出てきて雨が降り、国土が水に十分満ち足りるようになった。和爾部用光は、篳篥の臨調子を吹いて、海賊の難から助かった。狛則高は、吉備津宮において、「陵王」の秘曲と右方を反り舞を舞ったところ、神が感応し、御殿が大いに揺すり響いた。狛行高は、「皇帝」を笛で吹いたら、強盗は逃げ帰ってしまった。大神晴遠は、「還城楽」の秘事を惜しみ、伝えずに亡くなった。それから七日間、閻魔の王宮からこの世に帰されて、その曲を伝えた。一条の青侍秋盛は、（行願寺の）皮堂の普賢講の偈の笛に努めた功徳により、その夜に終わると定められた寿命がはるかに延びた。詳しくは舞の篇にある。極楽、都率、天上、天竺、震旦、本朝にあるすべてのこの道のありがたいことは、このような我らが才覚の及ばないところである。

この一節は、日本で起きた楽舞にまつわる奇譚を列記した内容である。ここに記されたさまざまな奇譚では、楽舞は不思議な力を持つとされ、人々はそれによって恵まれ、または救われたという奇妙な出来事が伝えられている。こういった内容は、神や仏が人々の願いや祈りに応じてご利益をもたらしたことを伝えた霊験譚として捉えられ、信仰を広めることを目的として書かれたと考えられる。

ここに書かれた霊験譚の多くは『教訓抄』とほぼ同時代の説話集にも類似する霊験譚を見出すことができる。たとえば、僧浄蔵（八九一〜九六四）が朱雀門のあたりで笛を吹いたら鬼が出てきたという話については、一二五二年に成立した説話集『十訓抄』に、「博雅の三位と鬼の笛」という類似の内容を持つ説話がある。また狛則高が吉備津宮で「陵王」を舞ったら宝殿が大きく揺れた話や、大神晴遠（生没年不詳）が閻魔の王宮から帰されて「還城楽」を伝えた話、和爾部用光（生没年不詳）が篳篥を吹いて海賊から難を逃れた話もまた、同『十訓抄』巻十「才芸を庶幾すべき事」に載せられている。また、北辺大臣の源信（九四二〜一〇一七）が箏を弾いて、天人が天下り舞を舞ったことは『今昔物語集』巻二十四「北辺大臣、長谷雄中納言語第一」にみられ、狛行高（一〇六二〜一一一二〇）が笛を吹いたら強盗が逃げた話は一三世紀成立の『地蔵菩薩霊験記絵』第四話によって表現されている。そのほか、『教訓抄』の成立年代と少し離れた一三〇九年に著された『春日権現験記絵巻』には、教円座主（九七九〜一〇四七）が『唯識論』を読んでいる間に、春日権現が現れて「万歳楽」を舞った話が描かれている。『春日権現験記絵巻』に記された内容は、春日大社や興福寺にあった資料を参考に当時広く伝えられた有名な説話を選んで組み立てられたと考えられている[18]。これらの霊験譚については、興福寺所属の狛近真の著した『教訓抄』がそれらの初出であるかどうかは断言できない。いずれにせよ、興福寺に伝わる説話がもとになって、『教訓抄』とほかの説話集に共通する霊験譚がそれぞれの作者たちによって語られたのではないかと考えられる。さらに『教訓抄』に記された多くの霊験譚がその後の説話集や絵巻物において繰り返し伝えられていることは、『教訓抄』の書物としての「模範的」位置づけを示唆するものではないかとも考えられるだろう。

以上のように、巻七「舞曲源物語」序文では、冒頭で舞楽曲の由来を仏の世界に求める、続けて舞楽曲には不思議な力を有する証として霊験譚が説かれている。このような仏教説話としての色彩を濃厚に持つ考え方は、狛嫡流もしくは近真の舞楽の捉え方の根底に流れていると考えられるのである。

第四節　『教訓抄』の概要

次に、『教訓抄』全体の構成と内容を概観する。

『教訓抄』は天福元年（一二三三）、狛近真が五六歳の時に著した。前述のように、家芸断絶への危機感から、せめて「教訓」を書きとどめ、将来に子孫が理解するための手がかりとして残しておこうというのが本書の動機であった。

『教訓抄』は楽曲の由来、口伝、演奏法、故事、また舞楽・管弦・打物などの口伝を記しており、次の十巻より構成される。

巻一　嫡家相伝舞曲物語、公事曲（序および振鉾法、万歳楽、陵王など五演目）
巻二　嫡家相伝舞曲物語、大曲等（安摩、春鶯囀、蘇合香など六演目）
巻三　嫡家相伝舞曲物語、中曲等（秦王破陣楽、甘州楽など二一演目）
巻四　他家相伝舞曲物語（胡飲酒、迦陵頻など一七演目）
巻五　高麗曲物語（新鳥蘇など三五演目）

巻六　無舞曲物語（嘉殿など六七演目［19］および卅二相、下頌、踏歌、薪宴、鼓）
巻七　舞曲源物語（序および案譜名目、舞姿法など六項目）
巻八　管弦物語（序および笙、篳篥など八種の管楽器と弦楽器）
巻九　打物部口伝物語（鶏婁、腰鼓など一四種の打楽器）
巻十　打物案譜法口伝記録（鞨鼓八声など打物譜および打物演奏例）

狛近真は巻一〜巻五を「歌舞口伝」、巻六〜巻十を「伶楽口伝」と名づけている。現行雅楽の分類からすれば、前五巻は「舞楽口伝」と呼ばれるが、狛近真の頃は、囀や詠などの歌詞のある章が舞楽を構成する重要な一章となっていたことの反映であると考えられる［20］。

巻一、二、三は狛嫡流に相伝される舞楽曲、すなわち狛近真が自ら楽を奏で、舞を舞った経験のある左方の舞曲を記した。公事曲、大曲、中曲の順に、それぞれの由来、口伝、作法を述べたほか、実際の演奏例も挙げられており、当時の楽人の実態とその活動を知るための手がかりともなる。

巻四は他家、つまり狛庶流、京都方と天王寺方に伝わる舞曲の解説である。巻五は高麗曲、すなわち右舞を取り上げている。ところが、左舞の嫡流であるにもかかわらず、狛近真はこの二巻において、それぞれの舞曲にまつわる由来や作法、装束について豊富かつ緻密な記述を残している。

後半の「伶楽口伝」ついては、巻六は管弦の楽曲に関する解説であり、巻七は舞台への登壇方法や番舞の舞い方など、主に実演に関する記述である。巻八、九、十は楽器についての口伝、故事と演奏法などを記した内容から成り、『風俗通』『律書楽図』など中国楽書からの豊富な引用、「師説」と他流説の併記などが特徴である。

本書の第四〜七章で考察を行う「蘭陵王（陵王）」「春鶯囀」「蘇合香」「甘州」はすべて狛嫡流に相伝する舞楽曲である。

第五節 『教訓抄』の古写本と版本

『教訓抄』の古写本については、近年、二松学舎大学21世紀COEプログラムによる研究が進められてきた。特にテキスト研究においては、神田邦彦の一連の研究が挙げられ、その成果は『雅楽資料集』〔21〕に収録されている。ここではそれらをもとに述べていく。

『教訓抄』の古写本は以下の五つがある。

①宮内庁書陵部蔵本

室町後期写　十巻（十軸）揃い。

②曼殊院蔵本

鎌倉後期写　巻二、三、七の零本（三軸）。巻首、巻尾に欠損あり。

③彦根城博物館蔵井伊家旧蔵本

室町前期写　巻四零本（一軸）。巻尾欠。

④国立公文書館内閣文庫蔵中御門旧蔵本

鎌倉後期写　巻十零本（一軸）。巻首、巻尾とも欠。

⑤京都国立博物館蔵神田喜一郎旧蔵本

文保元年（一三一七）、豊原兼秋書写奥書　巻十零本（一軸）。巻首欠。

まず宮内庁書陵部蔵本について。櫛笥節男『宮内庁書陵部 書庫渉猟――書写と装訂――』は、写本の状態、装訂などに関する詳しい解説をしたうえで、「『教訓抄』は狛近真が後代のために著した舞楽の口伝書。十軸から成り天福元年（一二三三）の成立とされる。本書は中世後期の写本と推察され、完本としては現存する諸写本のうち最も古いものである」[22]と指摘した。神田邦彦は、奥書がないことから成立年代が室町時代とする書陵部の分類に疑問を示したが、この写本は表記法や仮名の字体などから古態を残していると思われ、完本の中では書写年代が古く有力な伝本であると主張した[23]。

次に曼殊院蔵本について。この写本は京都曼殊院門跡に所蔵する『続教訓鈔』『尋問鈔』などと一具、全十一軸の巻子本で、巻二、三、七の残欠である。史料編纂所が『大日本史料』編纂に使用してきた写本である。『大日本史料』に部分的に翻刻され、一九七七年には「教訓鈔及続教訓鈔」という名称で国の重要文化財に指定された。この古写本は内容の欠損が多く、奥書がないため、書写の年代は明確でないが、豊原量秋が明徳年間（一三九〇〜一三九三）に書写した『続教訓鈔』や日記などと一具であるため、書写年代は明徳年間もしくはそれを遡る鎌倉時代とみられ、巻二、三、七においては現存最古のものである[24]。

三つ目の井伊家旧蔵本は彦根城博物館所蔵井伊家文書の一つである。この写本は巻四の零本で、破損状況がかなり進行している一軸の巻子本である。室町前期の古写本と推測され、巻四の現存する最古の写本である。

四つ目の内閣文庫蔵中御門家旧蔵本は、『教訓抄』巻十の内容を記した巻子本である。鎌倉後期の書写と推測される。

五つ目の神田喜一郎旧蔵本は京都国立博物館に所蔵され、巻十の内容を記した巻子本である。神田邦彦はこの神田本が上記の内閣文庫蔵本ともとは一軸であるとし、巻十としては現存する最古の写本であると指摘している[25]。

これらの古写本に共通する特徴としては、装訂（一軸に一巻を収める巻子本）、文体（平安後期から鎌倉初期にかけて男性所用の文体である片仮名宣命書きと変体漢文が主体）、表記（江戸時代以前に使用されていた古体の片仮名）、訓点（振り仮名や返り点などの訓点が施されている）などのことが挙げられる。

『教訓抄』の翻刻は塙保己一編の『続群書類従』に収められ、山田孝雄校訂による影印本は『日本古典全集』にも収録されているが、現在もっとも広く用いられ、いわば「定本」となっているのは、一九七三年に植木行宣が翻刻した岩波の日本思想大系『古代中世芸術論』所収の『教訓抄』（以下「大系本」と略す）である。

大系本の巻一から巻十の途中までの底本は、内閣文庫蔵の江戸末期写の十巻四冊の冊子本である。この底本は古写本に比べ、古写本で改行されている箇所が追い込みで記されている箇所があり、古写本に見られた訓点はほとんどなく、誤写・脱落と思われる箇所が多いとみられる。大系本巻十の後半の底本は前述古写本の神田喜一郎旧蔵本である。大系本は『教訓抄』の普及と内容理解を深める側面ではその功績が画期的であるが、底本の問題で指摘されたように、研究が進められている今日においては善本とは言い難い。

そこで、本研究においては、完本として最も古い写本の宮内庁書陵部蔵本を用いて、考察を進めていくことにする。なお、使用するテキストは二松学舎大学21世紀COEプログラムによる翻刻を用いる。

注

1 太田亮『姓氏家系大辞典』(角川書店、一九六三年) 二三七八頁、奥富敬之『日本家系・系図大事典』(東京堂出版、二〇〇八年) 三七六頁、丹羽基二『日本姓氏大辞典』(角川書店、一九八五年) 一〇六頁。

2 塙保己一編『群書類従』第三輯 (経済雑誌社、一九〇二年) 所収、二〇七~二六四頁。

3 林屋辰三郎『中世芸能史研究』(岩波書店、一九六〇年) 五四九~五五六頁。

4 平凡社編『音楽事典』第一二巻 (平凡社、一九五七年) 三三一~三三三頁。

5 奥富敬之『日本家系・系図大事典』(東京堂出版、二〇〇八年) 三七八頁。

6 荻美津夫『日本古代音楽史論』(吉川弘文館、一九七七年) 二六六~二七三頁。

7 永積安明校注『古今著聞集』(日本古典文学大系 八四、岩波書店、一九六六年) 二一一頁。

8 永積安明校注『古今著聞集』(日本古典文学大系 八四、岩波書店、一九六六年) 二二八頁。

9 三上景文著・正宗敦夫校訂『地下家伝 二』(日本古典全集第六期、日本古典全集刊行会、一九三七年) 五三〇頁。

10 蒲生美津子「邦楽重要図書解題」『季刊邦楽』三〇号、一九八二年三月。

11 小野亮哉監修『雅楽事典』(音楽之友社、一九八九年) 二八二頁。なお、『古代中世芸術論』所収の『教訓抄』の注釈では狛則近の養子としている。

12 早稲田大学演劇博物館編『演劇百科大事典』(平凡社、一九六二年) において、『教訓抄』はもともと『尋本抄』と称したという平出久雄の指摘がみられるが、蒲生美津子は「邦楽重要図書解題」『季刊邦楽』三〇号では、『尋本抄』は別書であり、狛近真は琵琶演奏家の藤原孝道が著した『教訓抄』を思い、書名にした可能性を提示した。

13 神田邦彦「春日大社蔵『舞楽古記』概論」『雅楽資料集』第四輯 (二松学舎大学21世紀COEプログラム

「日本漢文学研究の世界的拠点の構築」日本漢文資料楽書編）二〇〇九年三月、神田邦彦「春日大社蔵『舞楽手記』検証――『舞楽手記』諸本考――」『日本漢文学研究』第五号（二松学舎大学21世紀COEプログラム「日本漢文学研究の世界的拠点の構築」）二〇一〇年三月を参照されたい。

14 二松学舎大学21世紀COEプログラム「日本漢文学研究の世界的拠点の構築」で行われた宮内庁書陵部蔵『教訓抄』の翻刻（『雅楽・声明資料集』第二輯）一四九～一五〇頁による。

15 『今昔物語集』の成立時期には諸説がみられるが、日本古典文学大系（岩波書店、一九五九年）の解説によれば成立年代の下限は嘉承年間（一一〇六～一一〇七）である。

16 小峯和明『説話の森――天狗・盗賊・異形の道化――』（大修館書店、一九九一年）三頁。

17 中村元『新佛教辞典増補』（誠信書房、一九八〇年）一三四頁。

18 宮次男「春日権現験記絵巻」『日本の美術』二〇三（至文堂、一九八三年）七五頁。

19 ただし、巻六の見出しには六八演目の名がみられる。「柳花薗」についての解説は本文にみられない。

20 蒲生美津子「邦楽重要図書解題」『季刊邦楽』三〇号、一九八二年三月。

21 二松学舎大学21世紀COEプログラム中世日本漢文班編『雅楽資料集』第二～四輯（二松学舎大学21世紀COEプログラム「日本漢文学研究の世界的拠点の構築」、二松学舎大学21世紀COEプログラム事務局、二〇〇六～二〇〇九年）。

22 櫛笥節男『宮内庁書陵部 書庫渉猟――書写と装訂――』（おうふう、二〇〇六年）四七頁。

23 神田邦彦「『教訓抄』の古写本について」『雅楽資料集』（二松学舎大学21世紀COEプログラム「日本漢文学研究の世界的拠点の構築」、二〇〇八年三月）五頁。

24 神田邦彦「『教訓抄』の古写本について」『雅楽資料集』（二松学舎大学21世紀COEプログラム「日本漢文学研究の世界的拠点の構築」、二〇〇八年三月）八頁。

25　神田邦彦「『教訓抄』の古写本について」『雅楽資料集』（二松学舎大学21世紀COEプログラム「日本漢文学研究の世界的拠点の構築」、二〇〇八年三月）一〇～一一頁。

第三章　「迦陵頻」にまつわる伝承

前章では『教訓抄』の成立背景と内容を概観し、その仏教的背景とりわけ仏教説話集との関連性に注目した。とりわけ巻七「舞曲源物語」に示されたように、舞楽曲の由来を仏の世界に求め、舞楽曲が不思議な力を有する証として霊験譚を説くという、仏教説話としての色彩を濃厚に持つ考え方は、狛嫡流もしくは近真の舞楽の捉え方の根底に流れていることを述べた。本章ではこのような『教訓抄』の性格を反映する一例として、巻七の霊験譚でも言及された舞楽「迦陵頻」にまつわる伝承を取り上げ、考察を進めていく〔1〕。

第一節　仏典に説かれる迦陵頻伽

『教訓抄』をはじめとする諸楽書において、舞楽「迦陵頻」は浄土に住むという人面鳥身で美声を持つ霊鳥——迦陵頻伽——に由来するとされる。迦陵頻伽という言葉は梵語kalavinkaの音訳であり、『仏説阿弥陀経』(以下『阿弥陀経』と略す)や『方広大荘厳経』などの仏典にみられる。漢訳仏典において、迦陵頻伽の初出とみなされる鳩摩羅什(三四四〜四一三)訳の『阿弥陀経』〔2〕

では、以下のように浄土の世界を描いている（旧字体は新字体に改めた、以下同）。

爾時仏告長老舎利弗、従是西方過十万億仏土、有世界名曰極楽、其土有仏号阿弥陀、今現在説法、舎利弗、彼土何故名為極楽、其国衆生無有衆苦、但受諸楽故名極楽、（中略）復次舎利弗、彼国常有種種奇妙雑色之鳥、白鵠孔雀鸚鵡舎利迦陵頻伽共命之鳥、是諸衆鳥、昼夜六時出和雅音、其音演暢五根五力七菩提分八聖道分如是等法、其土衆生聞是音已、皆悉念仏念法念僧、舎利弗、汝勿謂此鳥実是罪報所生、所以者何、彼仏国土無三悪趣、舎利弗、其仏国土尚無三悪道之名、何況有実、是諸衆鳥、皆是阿弥陀仏、欲令法音宣流変化所作

これは『阿弥陀経』の一節で、仏が長老舎利弗に極楽浄土の世界の様子を説いた内容である。その大意を以下に示す。

西方十万億の仏土を過ぎると極楽という世界がある。そこに「阿弥陀」と号す仏がいらっしゃる。その国は、衆生にもろもろの苦しみあることなく、ただもろもろの楽しみのみを受け、それゆえに極楽と名づく。そこには、白鵠・孔雀・鸚鵡・舎利・迦陵頻伽・共命などの種々の不思議な鳥がいる。これらの鳥は一日に六回、和やかで美しい声を出して鳴いている。その声は五根・五力・七菩提分・八聖道分などの、仏の教えとなって聞こえてくる。そ

の国の人々は、その声を聞いた後は、仏・法・僧の三宝を念ずる気持が自然と湧いてくるようになる。これらの鳥は罪の報いによる生まれ変わりなのではない。その国には三悪道（畜生・餓鬼・地獄）どころか、三悪道の名すらもない。実体としての鳥なのではなく、そのすべては阿弥陀仏が、教えを説く手立てとして変化したものなのである。

このように、阿弥陀仏が「法音宣流」（仏の教えを広めること）のために変化した美しい声で鳴く迦陵頻伽は、阿弥陀仏の極楽浄土にだけでなく、ほかのもろもろの鳥とともに弥勒菩薩の兜率浄土（兜率天）にも棲んでいる、と説く仏典がある。

天竺の僧侶、地婆訶羅（六一三〜六八八）が訳した『方広大荘厳経』巻五では、兜率浄土について、以下のような記述がみられる。

仏告諸比丘、爾時菩薩住於最勝微妙宮中、一切所須皆悉備具、殿堂楼閣衆宝荘厳、幢幡宝蓋処処羅列、宝鈴宝網而厳飾之、垂懸無量百千繒綵衆宝瓔珞、一切橋道以衆宝板之所合成、処処皆有衆宝香爐焼衆名香、珠交露幔張施其上、有諸池沼其水清冷、時非時華周遍開発、其池之中鳧雁鴛鴦、孔雀翡翠、迦陵頻伽、共命之鳥出和雅音、其地純以瑠璃所成、光明可愛猶如明鏡、荘厳綺麗無以為喩、人天見者莫不歓喜

兜率浄土には、殿堂と楼閣がみな荘厳であり、幢幡と天蓋が至るところに並べられ、宝鈴と宝網が飾られ、無数の絹と瓔珞が吊るされている。あらゆる橋と道は宝板で作られ、至るところにもろもろの香炉が置かれ、もろもろの香を焚いている。もろもろの池や沼があり、その水は清冽である。池の中に鳧雁（鴨と雁）・鴛鴦・孔雀・翡翠・迦陵頻伽と共命鳥がおり、和やかで美しい声で鳴いている。床はすべて瑠璃で作られ、鏡のように輝いている。その荘厳で美しいさまはほかに譬えようがなく、人も天も見る者はすべて楽しくなる。

というのが大意である。

『方広大荘厳経』のこの一節は仏が諸比丘に説いた兜率浄土の様子である。このように、迦陵頻伽はいろいろな鳥とともに浄土の宝池にいるとイメージされている。注目されるのは、『阿弥陀経』の描写と比べて、鳥の居場所が明記されることにより、造形面から見てより具体的になっている点である。

さらに同『方広大荘厳経』巻八では、上記の内容に続けて、以下のように記している。

仏告諸比丘、菩薩詣菩提樹時、其身普放無量光明、又遍震動無辺刹土、復有無量百千諸天奏天伎楽、於虚空中雨衆天花、又雨無量百千天妙衣服、復有無量象馬牛等囲繞菩薩、発声哮吼

其音和暢、又有無量鸚鵡舎利拘抧羅鳥、迦陵頻伽、鳧雁鴛鴦孔雀翡翠共命諸鳥、翻翔囲遶出和雅音

菩薩が菩提樹の下にお座りになったとき、全身からあまねく無量の光明を放つ。無辺の仏の刹土を震動させる。または無量の諸天人が楽舞を奏して、虚空に天界の花を降らせ、無量の天界の衣を降らせる。または無量の象や馬、牛が菩薩の周囲を回って礼拝しながら吠え、その声は心地よいものである。また無量の鸚鵡・舎利・拘只羅鳥・迦陵頻伽・鳧雁・鴛鴦・孔雀・翡翠・共命鳥など種々の鳥は、羽を広げて菩薩の周囲を礼拝しながら飛び回り、和やかで美しい声で鳴いている、

という。

『方広大荘厳経』巻八の内容と相似する記述は、七世紀後半の新羅の僧侶憬興が著した『無量寿経連義述文賛』巻上などにもみられ、迦陵頻伽は美しい鳴き声を持つ霊鳥としてばかりでなく、宝池にいることに加え、菩薩の周囲を礼拝しながら鳴く鳥として動態的に描写されるようになっていった。

以上のような仏典の記述によって、迦陵頻伽は浄土に棲み、ときには宝池に種々の鳥とともに美

しい声で鳴き、ときには浄土の空を飛ぶといった霊鳥のイメージが形成されていたことが分かる。このような仏典に書かれた浄土の様子をさらに具体化・視覚化したのが浄土の様子を絵画で描いた浄土変相図である。

中国の甘粛省敦煌市にある莫高窟をはじめとする敦煌石窟は千年にわたる大規模な仏教遺跡として名高い。現存する各時代の洞窟は五五六個で、壁画は五万平方メートル以上あり、各種の写本文書は五万件にのぼるほか、色彩塑像や絹絵も多く残されており、直接的あるいは間接的に各時代、各民族および各階層の社会歴史を反映している。特にそのなかの絵画（壁画と絹絵）は仏教思想を広げる宗教芸術として、主に尊像書、神怪書、本生故事書、説法図、経文書、供養人書の塑像と装飾の図案など、仏教経典によって描かれたものである。敦煌壁画に描かれた生き生きとした神仏と人間の姿、それに生活の場面などは、そのもととなる当時の社会生活を反映している。

次節ではこうした社会状況が反映される敦煌壁画と絹絵のなか、とりわけ唐代の浄土変相図に注目し、迦陵頻伽がどのように描かれ、その造形からどのような特質が見られ、当時のどのような社会背景を反映しているのかについて見ていこう。

第二節　浄土変相図に描かれる迦陵頻伽
――敦煌壁画と絹絵を例に

敦煌壁画においては唐代から浄土変相図の制作が盛んになった。そのなかに、浄土に棲む迦陵頻伽も見え、迦陵頻伽は当初から浄土変相図すなわち浄土を描く上で重要な霊鳥であったものと推測される。

まず敦煌壁画のなかで迦陵頻伽が描かれる浄土変相図について、これまでの筆者の管見に入った絵画資料の一覧（表2）について、a.迦陵頻伽の翼の有無・脚の形状、b.迦陵頻伽の画中の位置、c.迦陵頻伽の数、d.迦陵頻伽が手に持つもの（楽器、供物等）、を注目点として整理し、そのいくつかの絵画について検討を加えていく。

仏典には迦陵頻伽の具体的な姿は書かれていないが、敦煌壁画には迦陵頻伽は人面鳥として描かれ、大きな翼、鳥脚と仏のような優しい顔を特徴としている。浄土変相図の図様は画師などの違いによって、細部における相違が認められるものの、浄土の世界の全体としての配置や描かれるものはほぼ一致している。本尊（釈迦如来、阿弥陀如来など）を中心に広がる浄土の世界は、上から下へ

表2 3

資料（成立年）	迦陵頻伽の特徴				
	a.翼の有無脚の形状	b.画中の位置	c.数	d.手に持つもの（楽器、供物等）	その他備考
①220窟 初唐	有翼鳥脚	阿弥陀の右上の空を飛んでいる	一羽		阿弥陀浄土変
②329窟 初唐	有翼	宝池の中で舞っているか	対をなす		阿弥陀浄土変
③148窟 盛唐	有翼鳥脚	右下の諸尊の正面に演奏している	一羽（左下の共命鳥と対をなすか）	琵琶	観無量寿経変
④172窟 盛唐	有翼	独立した舞台で共命鳥とともに演奏している	四羽	楽器（右下排簫か）	観無量寿経変
⑤217窟 盛唐	有翼鳥脚	釈迦の前、須弥壇で舞っている	一羽（共命鳥と対をなす）		観無量寿経変 本尊の正面
⑥絹絵報恩経変相図 盛唐	有翼	釈迦の前、舞人（舞人）の隣で演奏している	対をなす	楽器（右は拍板か）	報恩経変 本尊の正面
⑦112窟 中唐	有翼	楽人と共に舞台で演奏している	一羽	琵琶か	観無量寿経変 本尊の正面
⑧158窟 中唐	有翼	楽人がいる舞台に繋がる橋で舞っている	一羽	拍板か	金光明経変 本尊の正面
⑨159窟 南壁中唐	有翼鳥脚	（右下）楽人がいる舞台に繋がる階段で舞っている（左下）楽人がいる舞台に繋がる階段にいる	対をなす	（右下）排簫（左下）楽器か供物	観無量寿経変
⑩197窟 中唐	有翼	楽人の隣で舞っている	一羽		観無量寿経変
⑪386窟 中唐	有翼鳥脚	楽人がいる舞台に繋がる橋で舞っている	一羽		阿弥陀経変
⑫楡25窟 中唐	有翼鳥脚	楼閣に鶴の隣で演奏している	一羽	拍板	観無量寿経変
⑬絹絵薬師浄土変相図中晩唐	有翼	薬師の前、楽人がいる舞台で舞っている	一羽	銅鈸	薬師浄土変 本尊の正面
⑭12窟 晩唐	有翼鳥脚	本尊の正面の独立した舞台で演奏している	四羽	（左上）琵琶（右上）排簫（左下）合掌（右下）拍板	観無量寿経変
⑮192窟 晩唐	有翼鳥脚	橋に演奏している	一羽	琵琶	上半身裸・「反弾琵琶」のポーズ
⑯196窟 晩唐	有翼鳥脚	本尊の正面の舞台に、共命鳥とともに演奏している	四羽	（左下）笙（左上）縦笛（右上）横笛（右下）排簫	阿弥陀経変

（虚空―楼閣―須弥壇にいる本尊と脇侍―宝池―楽人と舞人が演奏する舞台）といった順で構成されるのを基本としている。

では、迦陵頻伽はこうした図像に描かれた位置において、その傾向や特徴がみられるだろうか。この観点から絵画を分析すると、次の㋑㋺㋩の三パターンに分けることができる。

㋑飛天のように虚空にいる迦陵頻伽

㋺宝池にいる迦陵頻伽

㋩楽人や舞人とともに本尊の正面で演奏する迦陵頻伽

㋑は前節で見た『方広大荘厳経』巻八と『無量寿経連義述文賛』巻上などの仏典に記される迦陵頻伽の姿に近い。しかし、表2に挙げた絵画においては、その例は極めて少ない。㋺は『方広大荘厳経』巻五の記述と相似する仏典の内容によると考えられる。

これに対して注目されるのは㋩である。というのも、このような、楽人や舞人とともに演奏する迦陵頻伽の姿は仏典に見ることができないにもかかわらず、表2にはこのパターンの浄土変相図を多く見ることができるからである。

その例として、まず⑤（絵画資料の番号は表2の番号に統一した、以下同）を見てみよう（⑤―1は全体図、⑤―2は迦陵頻伽の部分の拡大）。

楽人は本尊の正面に座る姿勢で音楽を演奏し、舞人はそこで舞を舞っている。迦陵頻伽は須弥壇の欄干の入口に、楽人の間に共命鳥と対をなし、浄土に響く美しい音楽にあわせて舞を舞っている

図⑤—1　全体図（出典：『敦煌芸術精品』中国画報出版社、2006年）

かのように見える。

迦陵頻伽がほかの鳥と一緒に仏の世界に描かれた図様は仏典に基づくものであると思われる。その一方、舞踊や奏楽は前節で見たような仏典の記述に見ることができない。その他の浄土変相図でも、中央にある本尊の正面に楽人が座る姿勢で演奏し、舞人は音楽にあわせて舞うかたちは基本的構図であり、このような演奏の形式は、唐代の宮廷饗宴楽（燕楽）に極めて近いものと推測される。

第一章で述べたように、唐代の燕楽は隋代の「七部伎」から発展した「九部伎」を継承し、「十部伎」となった。その演奏の形式は座る姿勢の「坐部伎」と、立つ姿勢の「立

図⑤—2　迦陵頻伽　部分の拡大（出典：同前）

部伎」に分けられる。変相図に描かれる楽人の姿は、唐代の墓（李寿墓、蘇思勲墓など）から出土した壁画の「坐部伎」と非常に相似している。唐代の宮廷音楽においては、饗宴の主賓である人物をもてなすために、舞や音楽が奏され、そのための専門の楽人や舞人がいた。浄土変相図に描かれる楽舞は、このような実際の宮廷における楽舞を反映しており、楽人と舞人は同様の役割を果たしているものと考えられる。ただし、変相図のなかでは楽人と舞人がもてなす対象は本尊とその脇侍の諸尊であり、音楽や舞は香・華・燈明・飲食などの代わりとなる諸尊に対する供養の一つであった。

⑤—1では、迦陵頻伽は上記のような働きを持つ楽人の一員として認められ、本尊の真正面に舞を舞う姿で描かれている。迦陵頻伽

図⑬—1　舞台の部分（出典：『西域美術』第1巻、講談社、1982年）

が楽人と同じ空間に配置されるのは、両者は諸尊を供養する共通の役割を持つことを意味すると考えられる。

次に敦煌から出土した唐代中期の絹本の薬師浄土変相図⑬を見ていく（⑬—1は舞台の部分、⑬—2は迦陵頻伽の部分の拡大）。

中央に楽人と舞人が本尊の正面の舞台に描かれている。相対する両列の楽人が舞台の両側に坐り、左側手前よりそれぞれ琵琶・七弦琴・琵琶・箜篌、右側手前より笙・簫・笛・拍板などの楽器を演奏している。舞台の後方には西域の服装を身にまとう舞人が舞を舞っている。そして迦陵頻伽は舞台の前方に大きく翼を開き、菩薩のような顔を持つ人首鳥身の姿で描かれている。

⑬—2の迦陵頻伽は手を高く挙げ、銅鈸のような楽器を持っているが、それは合奏をま

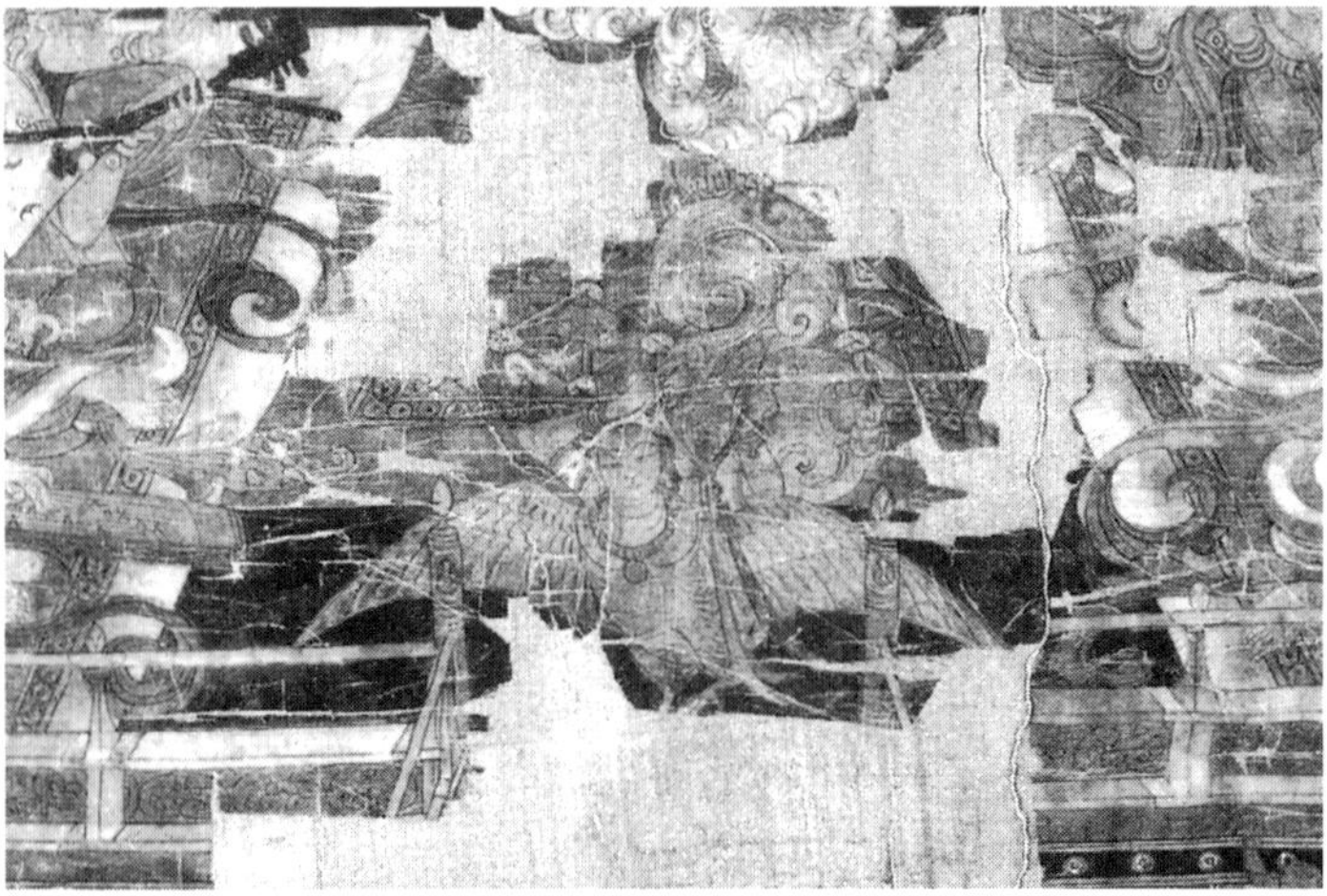

図⑬—2　迦陵頻伽　部分の拡大（出典：同前）

とめている姿なのか、または銅鈸を鳴らしながら舞を舞っている姿なのか、明確ではない。しかしながら、迦陵頻伽は奏楽の場に演奏する一員として参加していることは間違いないだろう。

本絵画では、楽人が持つ楽器には、古代中国と西域の両方の楽器が見られる。簫と琴は中国で古来珍重されてきた楽器であるが、一方琵琶はペルシア起源、箜篌はアッシリア起源、迦陵頻伽が持つ銅鈸も同じく西域起源の外来楽器である。こうした楽器の音色や音調や衣裳のかたちを通して、当時の中国の人々は異国情緒あふれる楽舞を目にしていたと思われ、またこのような実際に行われていた楽舞の様子を投影して浄土における音楽や舞踊の想像画が描かれたと推測される。

ところで、敦煌壁画の浄土変相図に描かれる迦陵頻伽は、銅鈸などの楽器を手にする例も見られ、その楽器やその音色が、当時どのような音楽を奏でていたかは、迦陵頻伽のイメージやその意味を考える上で重要な分析点になると考えられる。次節では、この観点より考察を進める。

第三節　迦陵頻伽が手にした楽器——唐代饗宴楽の反映

敦煌の浄土変相図には⑤—1、⑬—1のようなパターン㈧、つまり迦陵頻伽が楽人や舞人とともに本尊の正面に演奏する様子が描かれたものが数多くみられるが、その中でも、⑬—1のように楽器を持つ姿で描かれるものがもっとも多く残されている。しかし、迦陵頻伽が手にした楽器は以下の⑨—1と⑨—2（莫高窟一五九窟・中唐）、⑭（莫高窟一二窟・晩唐）のように、拍板・排簫といった場合が多く、銅鈸はむしろ壁画などにおいては非常に少ない。

⑨—1と⑨—2は莫高窟一五九窟の南壁にある観無量寿経変相図に描かれる迦陵頻伽である。一五九窟の観無量寿経変の制作年代は唐代の中期ごろと推定されているが、この変相図では、本尊が配置される須弥壇と本尊の正面の舞台の左右両方に、いろいろな楽人が演奏している様子が描かれ

図⑨—1　迦陵頻伽
須弥壇の左下

図⑨—2　迦陵頻伽
須弥壇の右下

（出典：『中国石窟 敦煌莫高窟』第4巻、平凡社、1982年）

ている。

⑨―1の迦陵頻伽は手を前にした姿で須弥壇の左下の、楽人の場所へつながる階段に立ち、⑨―2の迦陵頻伽は「簫」のような楽器を手にして須弥壇の右下の、楽人の場所へつながる階段に立っている。⑨―1と⑨―2では、迦陵頻伽が楽人の間に交わって演奏するといった描き方ではないが、対照的に描かれた迦陵頻伽の立ち位置と姿からみると、両者はともに諸尊に対する供養の役割を果たしていると考えられる。

左右対照に描く手法は浄土変相図の特徴の一つであるが、そのなかに描かれた迦陵頻伽も一五九窟のように対をなしている。変相図には迦陵頻伽がこの左右対称な描き方に従って、ときどき四羽で描かれる。次頁⑭はその一例である。⑭は莫高窟一二窟の南壁の中央

図⑭　排簫を持つ迦陵頻伽（右上）
（出典:『中国敦煌壁画全集8晩唐』天津人民美術出版社、2001年）

にある観無量寿経変相図の一部であるが、唐代晩期の制作と推定される。ここに描かれた四羽の迦陵頻伽は本尊の正面の舞台にある宝塔の周りに立ち、左上は琵琶、右上は簫、右下は拍板を演奏し、左下は合掌をしている。

⑨-2と⑭の右上の迦陵頻伽が手にするのは排簫といった楽器である。排簫とは、長さの異なる竹管一六～二三本を一列に並べ、上端を吹き鳴らす管楽器である。唐代までの記録には「簫」の語で記されるが、この「簫」は複数本の管からなる「排簫」を意味する（本書では以下「排簫」に統一する）。浄土変相図に描かれた迦陵頻伽は楽器を持つ姿で描かれる場合が数多くみられ、そのなかで、排簫と拍板は頻繁に用いられたのである。

では、楽人に交わって、諸尊に対する音楽供養を行う迦陵頻伽が所持した楽器には、どのような背景や意味合いを見出すことができるだろうか。

その考察の前提として、まず唐代楽器の種類などについて概観したい。

唐代に続く北宋の論楽家陳暘（一〇六四～一一二八）は、音楽理論書である『楽書』を著している。本書は、唐代の音楽を雅楽・俗楽・胡楽に大別し、さらに楽器の部を雅・俗・胡に分けており、この分類が唐代の音楽及び楽器の状況をつかむのに大きな手がかりとなる。

『楽書』によれば、雅楽は主として宮廷・国家の営む天地・祖先などの祀りに用いる音楽と舞で、儒教的な礼楽思想に基づく。俗楽は民間の通俗音楽ではなく、中国固有の音楽を意味する。漢代以来の清商三調で、隋唐に依然と宮廷に重要視され、清商楽といわれた。胡楽はそもそも西国の音楽を意味するが、外来音楽全体をさしていうようになり、その中心となるのは西域音楽である。西域のほか、東夷、南蛮、北狄の諸国の音楽も含まれていた。

それぞれの音楽に用いられた楽器は、『楽書』〔4〕には以下のように記されている。

雅楽：鎛鐘、編鐘、特磬、編磬、錞于、柷、敔、缶、舂牘、雷鼓、霊鼓、路鼓、鼗鼓、晋鼓、楹鼓、応鼓、鼉鼓、雷鼗、霊鼗、路鼗、節鼓、撫、琴、瑟、管、籥、簫、篪、笙、竽

俗楽：方響、拍板、筑、筝、阮咸、臥箜篌、撃琴、笙、笛、尺八、葉、笳

胡楽：銅鈸、銅鼓、沙鑼、羯鼓、毛員鼓、都曇鼓、雞婁鼓、正鼓、斉鼓、担鼓、答臘鼓、腰

鼓、琵琶、五絃琵琶、竪箜篌、鳳首箜篌、匏琴、簫、笛、篳篥、角、笳、銅角、貝、
桃皮篳篥、雙篳篥、義觜笛

（『楽書』巻一百九〜一百五十）

これによると、迦陵頻伽が手にした排簫は雅楽と胡楽に用いられ、拍板は俗楽に用いられた楽器ということになる。

「簫」すなわち排簫は雅楽と胡楽の両方に使われていたが、『詩経』の「周頌・有瞽」に「簫管斉挙、喤喤厥聲、粛雍和鳴、先祖是聴」、つまり「簫と笛はともに鳴り始め、朗々たるもろもろの音楽がよく響く。このような厳粛で調和のとれた音楽を聞く先祖や神霊もきっと喜ぶだろう」といった記述があることから分かるように、西域の音楽が漢民族のいる「中原」へ伝来する以前から、祭祀機能を有する宮廷雅楽において使用されていたとみられる。排簫が胡楽にも使われるようになったのは、中原と西域の文化交流が深まるにつれ、音楽も影響しあい、融合したことによると考えられる。そのほか、第一章で述べたように、「徳」と「楽」を結びつける思想や国威を誇示する意味合いで、宮廷音楽に周辺民族の楽舞が取り入れられたと考えられるように、その際に、吸収した外来楽舞に中国固有の楽器を使うことも同様な意味合いを有すると考えられよう。

拍板は俗楽にしか使われていなかったのは、この楽器は中国固有のものであるが、祭祀機能を有する場面には用いられず、宮廷の饗宴の場のみに用いられていた可能性が大きいと思われる。

排簫と拍板の起源や使用実態について、唐代の杜佑（七三五～八一二）は、彼が著した歴史書『通典』に、先秦時代の史官が編集したとされる紀伝体史書『世本』を典拠として、排簫は「舜の造りなり」と記している。また、その形について『通典』には「其形參差、象鳳翼、十管、長二尺」[5]と述べており、排簫の形は様々で、鳳の翼に相似し、十本の管を用い、長さ二尺となるという意味である。拍板については、「拍板、長闊如手、重十余枚、以韋連之、擊以代抃。抃、擊其節也。情發於中、手抃足蹈。抃者、因其声以節舞。亀茲伎人弾指為歌舞之節、亦抃之意也」[6]と書かれている。「拍板は長さと広さは手の如く、なめし革で十余枚ほどの板を繋ぎ、抃の代わりにそれを打つという意味である。抃とは、指の関節を打つ（指を鳴らす）ことを意味する。（音楽やその演奏に）夢中になった際、手を打ちながら踊るという。抃とは、指を鳴らす音でリズムを取りながら踊る。亀茲の楽人は歌舞のリズムを、指を鳴らした音で決めた。これはまた抃の意味である」といった内容である。

これによると、排簫は古来より使われていたことがわかる。一方、拍板は指を鳴らしながら歌舞のリズムを取るといった亀茲の楽人の動作をかたどり、指を鳴らす音の代わりに作られた楽器である。亀茲とは屈支、邱茲などとも表記される古代の西域の国名であり、現在の中国新疆ウイグル自治区庫車県一帯の地をさす。第一章で見たように、亀茲楽は隋代の七部楽と九部楽、唐代の九部楽と十部楽に編成された代表的な外来楽舞である。『楽書』や『通典』の胡楽の楽器に関する記述によると、拍板が胡楽には用いられなかったことは事実であり、西域楽舞である亀茲楽には用いられなかったのであろう。したがって、拍板は、おそらく西域の演奏に魅入られた中原の楽人が新たに作った楽器であると推測される〔7〕。

このように、当時の宮廷音楽において、迦陵頻伽が手にした簫はもっとも伝統的な楽器であり、一方、拍板は新しく作られた楽器であった。この新旧二種の楽器が同時に浄土変相図に描かれていたのは、まさしく包容力に富んだ開放的な唐代宮廷音楽の風潮の反映であると筆者は考える。

迦陵頻伽が手にした楽器について、いまひとつ注目したいのは、前節でも取り上げた銅鈸である。銅鈸について、『通典』では「銅拔、亦謂之銅盤、出西戎及南蛮、其円数寸、隠起如浮漚、貫之以韋皮、相擊以和楽也、南蛮国大者円数尺、或謂南齊穆士素所造、非也」〔8〕と説明しており、「銅鈸、また銅盤とも言う。西戎及び南蛮より発祥した。丸い形をした直径が数寸の楽器で、突起が水面上の泡のようなものである。なめし革で貫き、打ち合わせて伴奏する。南蛮の国の銅鈸は、大きいものはその直径は数尺にもなる。南斉の穆士素の造りといった謂れがあるが、そうではない」という内容である。

銅鈸は西域と南蛮より発祥した楽器であるが、南斉の穆士素の造りと言われるほど、中原の人々に親しまれた。その理由は、唐代の音楽編成にあると考える。唐代の宮廷饗宴楽が成熟して十部楽となった際に、十種類の音楽のうち、七種類が四方楽、つまり外来楽舞であった。『通典』(巻第一百四十六・楽六)には、南蛮の天竺楽・扶南楽、西戎の亀茲楽、康国楽、安国楽などといった、宮廷饗宴楽の骨子となる外来音楽に、銅鈸が目につくほど頻繁に使われていた様子が記されている。

迦陵頻伽が手にした楽器としては、排簫、拍板と銅鈸のほかに、表2で示したように、琵琶を挙げることもできる。琵琶の起源に関しては、後漢の劉熙（約二世紀半ば）著の字書『釈名』の記述が最初であるとみられる。『釈名』の「釈楽器」によると、琵琶はそもそも胡の国に生まれ、馬上の楽器として演奏された楽器であるとわかる〔9〕。当時の遊牧民が馬に乗って楽器を演奏することを好んでいたため、このような楽器が生まれたと思われるが、琵琶は『通典』や『旧唐書』などにも説明が書かれているように、西域の楽器として漢代にはすでに存在していたことが明らかである。『通典』（巻第一百四十四・楽四）には、天竺楽、高昌楽、亀茲楽、疏勒楽、安国楽などの外来音楽に、琵琶も銅鈸に劣らずに頻繁に使われていたことが記されている。

以上見てきたように、迦陵頻伽が手にした排簫、拍板、銅鈸と琵琶は、いずれも当時の宮廷饗宴楽に実際に用いられていた楽器であった。排簫は当時の伝統的な中国の楽器であったが、拍板・銅鈸・琵琶は西域的な色彩が強い楽器であった。こうした中国の伝統楽器と西域起源の両方の楽器を用いた音楽を当時の人々は耳にしていたのである。

これら実際に演奏されていた音楽をもとにして浄土で奏でられる音楽がイメージされ、楽器を手にした楽人が浄土変相図に描かれたと思われる。言い換えれば、このような楽人や舞人を描く浄土変相図は、当時実際に行われていた外来楽舞を積極的に取り入れた唐代宮廷楽舞の反映であった。浄土を想像するなかで、迦陵頻伽はその楽人の一員として位置づけられ、当時実際に使われていた楽器を手に持つように描かれたのではないだろうか。仏典にはその典拠を求めることができない、楽器を手にした迦陵頻伽の楽人としての姿は、このように形成されていったものと考えられよう。浄土教美術が隆盛を極めた唐代では、このように当時の社会の光景を投影して浄土の様子を描く浄土変相図が数多く制作されたのである。

第四節　日本における浄土変相図の伝承

日本に仏教の伝来とともに浄土教関係の経典がもたらされたことは、聖徳太子が著した『維摩経義疏』に『無量寿経』が引用されたことなどによって知られる。浄土を描いた絵としての制作例もまた飛鳥時代に遡り、聖徳太子妃の橘大郎女（生没年不詳）が太子転生した「天寿国」の様子を描いた刺繍（天寿国繍帳）を挙げることができる。そこに描かれた「天寿国」が弥勒浄土なのか阿弥陀浄土なのかといった問題や、銘文と図様の解釈などに関しては検討の余地が残されているが、浄土世界を表す内容であることは確かである。

その後、日本において浄土教が受容され、入唐して帰朝した僧恵隠（生没年不詳）が舒明一二年

（六四〇）に無量寿経の講説を行ったことはその端緒を示している。また玄昉（生年不詳～七四六）ら入唐僧によって『阿弥陀経』や『観無量寿経』などのさまざまな新訳経典が請来された。唐代に盛行した浄土変相図も、絵画としての伝来経路などは不明であるが、奈良時代の日本にもたらされた。この際、入唐僧の活躍は日本における浄土変相図が制作され始めた大きな要因の一つではないかと考えられる。浄土教の展開にともなう阿弥陀仏像の造営につづき、奈良時代には阿弥陀浄土変相図が南都諸大寺の堂壁、または繍帳として寺観を飾ったことが知られている[10]。

その中で、もっとも代表的な例は奈良の当麻寺に伝来する綴織当麻曼荼羅である。この当麻曼荼羅について、奈良国立博物館特別展の目録には、「天平宝字七年（七六三）、有名な中将姫が蓮糸で織りなしたと伝説される当麻曼荼羅図の原本である。……全体としてこれが浄土三部経の一、観無量寿経を所依とし、唐の浄土教家・善導大師（六一三～六八一）の解釈になる「観経四帖疏」（立義分、序分義、定善義、散善義の四帖）に正しく基づいた観無量寿経変相図であることは一般に認められている。まず図中央（内陣）には阿弥陀三尊がいる三十七尊段を中心に、上から虚空、宝楼、華座、宝池、宝樹、宝地（舞楽会、相迎会）などを配した壮麗な極楽浄土世界を図示」していると解説している[11]。

この奈良の当麻寺に伝来する当麻曼荼羅は、綴織阿弥陀浄土変相図である。八世紀、中国唐代の作と考えられるが、日本における浄土信仰の高まりに伴い、藤原豊成（七〇四～七六六）の娘である中将姫が蓮糸で織りあげたという縁起的伝承がある。奈良時代に遡る浄土図としては法隆寺金堂壁

⑰－1　当麻曼荼羅　全図（奈良国立博物館所蔵）
画像提供　奈良国立博物館（撮影　矢沢邑一）

⑰－2　当麻曼荼羅　部分（奈良国立博物館所蔵）
画像提供　奈良国立博物館（撮影　矢沢邑一）

画と本図しか見られず[12]、完成された変相図をよく伝える綴織当麻曼荼羅がのちの浄土図に及ぼした影響は著しい。鎌倉時代以降、当麻曼荼羅の原本を転写した浄土変相図の制作が盛んになったが、それらも当麻曼荼羅と通称される。

図⑰は奈良国立博物館所蔵の鎌倉時代における典型的な当麻曼荼羅の転写本である[13]（⑰―1は全体図、⑰―2は舞楽会の拡大、⑰―3は虚空の部分の拡大、⑰―4と⑰―5は虚空に描かれた迦陵頻伽の部分の拡大）。

この当麻曼荼羅では、阿弥陀仏と両脇侍をめぐる諸菩薩を中心に配し、上方には壮麗な宝楼と楽器や仏菩薩が飛来する虚空、下方には供養菩薩や蓮池より化生した往生人たち、そして諸菩薩が楽器や舞を演じる舞楽会を配置している。この曼荼羅の図様は唐代の僧侶善導の『観無量寿経疏』に基づいていると考えられ、全体としての配置は中国唐代の浄土変相図とほぼ一致しており[14]、特に舞楽会の楽人の様子は唐代の宮廷音楽を反映したものを想起させる。

当麻曼荼羅において、音楽と関わる内容は⑰―2のよう

⑰－3　当麻曼荼羅　部分（奈良国立博物館所蔵）
画像提供　奈良国立博物館（撮影　矢沢邑一）

に下方に描かれた舞楽会に限らず、⑰－3で見られるように上方の虚空には鼓や琵琶などの楽器が描かれている。

ここには、演奏者がいないにも関わらず、自分自身で演奏しているように見える楽器が描かれている。これは、鳩摩羅什（三四四～四一三）訳の『妙法蓮華経』をはじめとするさまざまな仏典に散見する「百千天楽、不鼓自鳴」という記述に基づく描写と思われる。実際、このような「不鼓自鳴」の楽器が天人とともに虚空に描かれるシーンは敦煌壁画にも数多く見られる。

ここでもう一つ注目したいのは、次頁の⑰－4で示したように、これらの「不鼓自鳴」の楽器とともに、迦陵頻伽も一緒に描かれていることである。

⑰－4の迦陵頻伽は虚空の左に配置され、その左には腰鼓と相似する楽器、右上には琵琶が描か

左⑰－4　当麻曼荼羅　部分（奈良国立博物館所蔵）
右⑰－5　当麻曼荼羅　部分（奈良国立博物館所蔵）
画像提供　奈良国立博物館（撮影　矢沢邑一）

れている。⑰－5の迦陵頻伽は虚空の右に配置され、その後ろには揩鼓（答臘鼓）が描かれている。この二羽の迦陵頻伽は図様における配置位置からすると、対をなしていると思われる。二羽とも手に何かを持っているように見えるが、明らかでない。しかしながら、楽器とともに描かれていることは、「不鼓自鳴」の楽器にともなって、演奏をしているか、または舞を舞っているかと見受けられる。このような音楽空間に迦陵頻伽を取り入れ、迦陵頻伽を音楽に携わる一員として描く点は、前述の敦煌壁画と同工異曲である。

当麻曼荼羅のほか、阿弥陀浄土変相図の代表的なものとして、智光曼荼羅と清海曼荼羅をあげることができる。智光曼荼羅の名は八世紀に活躍した奈良元興寺の僧侶、智光に由来する。清海曼荼羅は、沙門清海（生年不詳～一〇一七）が京都清水寺の観音によって感得した浄土変相図で、平安時

図⑱—1　伝智光曼荼羅　全体像（能満院所蔵）
画像提供　奈良国立博物館（撮影　佐々木香輔）

図⑱—2　伝智光曼荼羅　部分（能満院所蔵）
画像提供　奈良国立博物館（撮影　佐々木香輔）

代の長徳二年（九九六）の成立とされる［15］。この両者とも原本が失われているが、室町時代の制作が残されており、その図様には中国唐代に盛行していた浄土変相図との共通点が多く見られる。

その一例として、前頁⑱の奈良能満院所蔵の一五世紀に制作された伝智光曼荼羅［16］を挙げることができる（⑱—1は全体図、⑱—2は舞楽会に描かれる迦陵頻伽の拡大）。

智光曼荼羅もこのように、真ん中に本尊、上方には虚空、楼閣、下方には宝池、舞楽会が描かれている。この図様は敦煌壁画や当麻曼荼羅にみられるものと大差はない。

さらに、⑱—2に見られるように、下方の舞楽会の段には、楽人と舞人の間にある舞台に対をなす迦陵頻伽が描かれており、左は琵琶を、右は笛らしきものを持っている。対をなすこと、楽器を手にしたこと、また楽人と舞人とともに音楽を演奏していることは、前節で見てきた敦煌壁画の図様と共通するところが極めて多い。

当麻曼荼羅、智光曼荼羅と清海曼荼羅は浄土三曼荼羅と総称され、日本の浄土教美術の発展において、重要な地位を占めている。これらの浄土曼荼羅（浄土変相図）の制作と伝承は、浄土、とりわけ阿弥陀仏の極楽浄土のイメージが定着したことを意味すると思われる。

以上のように、日本で制作された浄土変相図の構図は全体として中国唐代のものと極めて相似しており、迦陵頻伽だけに注目してもその音楽に携わる特徴などは唐代のものと共通する部分が多く見られる。つまり、唐代の異国情緒に溢れる宮廷音楽を反映した浄土の楽舞、およびそこに携わった迦陵頻伽の姿は、浄土変相図の日本伝来とともに日本の浄土変相図にも描かれるようになったのである。

ところが、迦陵頻伽の捉え方に関して、一つ異なる点が見られる。中国唐代の浄土変相図には迦陵頻伽が多く描かれているとはいえども、すべての浄土変相図に必ずしも迦陵頻伽が描かれているわけではない[17]。一方、中国の浄土変相図の筋を引く日本の浄土変相図は、原本が現存しないかその状態が優れないため確認できず、鎌倉時代からの転写本ではあるが、迦陵頻伽が浄土変相図の固定した一員として描かれ、江戸時代に至る。迦陵頻伽に対する認識は言うまでもなく仏典に由来するものである。このように、同じ仏典に由来しながらも、中国唐代の浄土変相図では必ずしも常時現れる存在ではない迦陵頻伽が、なぜ日本の浄土変相図においては必須の存在として固定化されたのか。その理由は必ずしも明らかではないが、日本の浄土変相図において、迦陵頻伽が浄土に必須の象徴としてそのイメージが形成され、顕在化されたのは事実であろう。

このことを念頭に置きながら、次節で迦陵頻伽に由来する舞楽「迦陵頻」にまつわる伝承を見てみる。

第五節 『教訓抄』に伝えられる「迦陵頻」

舞楽「迦陵頻」の伝来経緯を記したもっとも古い資料は『教訓抄』であるが、その演奏に関するもっとも古い記録は、平安後期に成立した『東大寺要録』に見える貞観三年（八六一）三月の記事である。その内容は仏教儀礼における舞楽「迦陵頻」の演奏の実態をうかがうことのできる興味深いものである。『教訓抄』の記述を考察する前に、まずその記事を見てみよう。

天平勝宝四年（七五二）に完成した東大寺大仏は、平安時代に入り斉衡二年（八五五）、地震のために頭部が落下する。その後、修復され、その開眼供養として修されたのが、貞観三年（八六一）三月に行われた東大寺盧舎那仏御頭供養会である。『東大寺要録』巻三では、その時の「迦陵頻」

の演奏について、以下のように書かれている［18］。

貞観三年歳次辛巳春三月十四日戊子行大会畢
（中略）
会庭式
寅一尅行僧供
誦讃之間、普賢、象菩薩、象王、台上舞畢、×王北面而立、伽陵頻伽二行対立奏、新造舞唐舞師某位文屋弘富新造音聲
笛師、某位和邇部大田麿奏、舞了還着本幄、以古楽次曲多門天率従鬼十四人二人者捧大桃、二人者捧大柘榴、二人者捧藕実、一人者持弓、一二人者捧大那子、二人者捧大苽、一人者持研、一人者持斧、一
人者持棒吉祥天女、率従天女廿人、十六人者各捧造花一茎、一人者持如意一人者持白拂、一者者捧麈扇。一人闕字東西相列、所持供具、奉献佛前、献供
畢、還立台上東西、従天女十六人奏、新造花舞。唐舞師某位文屋弘富新造音聲笛師某位和邇部田丸舞畢、下台、着本幄、次殿上天人楽、
次曲大自在天王、率従天人六十人廿人天衣盛綵花。四十人調音楽。東西相分廻列台上、有□□音讃歎佛　（中略）
讃畢散所持綵花、繽紛而下供花畢、奏舞了、各隠去　（中略）
一打、唄師廿人、登自舞台入出大殿也　（中略）
一打、定坐僧廿人、至大殿前礼拜、執香呂
一打、唄師、同音発音、散花師東西各人率衲、甲等衆僧、登着舞台、同音発声、行
道之式一同楽、散華莒置南中門、衆僧随行取便行道了、各着本座
一打、梵音衆、登自舞台、詣仏前奏菩薩願文、往還之間、奏新楽

一打、錫杖衆、登自舞、誦錫杖文、登降之間、奏高麗楽
一打、導師読願文 （以下略）

この次第の内容によると、寅の刻にまず僧侶に対する供養が行われ、これに続いて、仏に対する讃嘆より仏事が開始された。僧侶が讃を誦すあいだに、象に乗った普賢菩薩が登場し、舞が行われた。舞楽「迦陵頻」はこれに続いて奏され、迦陵頻伽を演じる舞人が相対して二行になって舞い、舞い終わって、幄舎に戻る。その後に、多聞天が鬼を率い、吉祥天女が天女を率いて登場し、供具を仏前に献じた。その後、各々の菩薩、天女、天人による舞が演じられ、供花が行われる。供花の後、僧侶による唄・散華・梵音・錫杖といった法要と、願文の奉読が続き、そのあいだ、法会と組み合わせて舞楽が演奏されたことなどが記されている。

仏事と組みあわせて行われる舞楽や、法会終了後に行われる舞楽は「入調の舞」と呼ばれ、余興的性格を有する[19]。右記のように僧侶による仏事に先だって行われた「迦陵頻」はそれらと異なり供養舞としての性格を有すると考えられる。

舞楽「迦陵頻」はいつからどのような経緯で供養舞としての性格を有するようになったのかは明らかでないが、浄土にいる霊鳥という、そもそもの仏教的起源と関連すると考えられる。敦煌壁画で見たように、浄土変相図において迦陵頻は楽器、舞もしくは供物を以て仏と菩薩を供養する姿で描かれる。それを受け継いだ日本の浄土変相図では、さらに展開して、迦陵頻伽は浄土を代表する

存在の一つとして描かれるようになった。同様に、舞楽「迦陵頻」は法会において、ほかの舞楽と比較して供養舞としての性格が著しい代表的な存在である。

法会の際に、「迦陵頻」とその番舞の「胡蝶」の舞人がほかの舞人と異なり、舞台の上で控え立つことは、次頁の一一九五年に行われた東大寺供養の差図〔20〕より分かる。

法会の供養図に、舞楽「迦陵頻」の楽人の位置をわざわざ書きとどめたことからは、舞楽「迦陵頻」はほかの舞楽に比べ、特別な存在であったことが読み取られる。

それでは、このように供養舞としての性格を有し、実際にそう演じられてきた舞楽「迦陵頻」の伝来について、『教訓抄』はどのように記しているのであろうか。

『教訓抄』巻四では以下のように舞楽「迦陵頻」の由来を説いている。

> 此曲ハ天竺祇園寺供養ノ日、伽陵頻来舞俄《儀》時、妙音天奏此曲、阿難伝之流布矣云々、迦楼賓是梵語也漢土教鳥、此鳥鳴音中囀苦空、無我常楽我浄也、銅拍子ヲ突音、彼鳥音マネフ也、是波羅門僧正僧、菩薩慈仏哲師ノ所伝也、伽妻賓件ノ与菩薩共ニ舞見《アラハス》曲是菩薩妙音天降《アマクタリ玉テ》、南天竺国伝此舞楽矣、爰波羅門僧正親伝《マノアタリニ》へ得之後、不留漢土、先本朝伝云々、(中略)此舞ヲ供様ハ、捧テ供花菩薩、左ハ鳥ノ舞右は蝶ノ舞、対シテ持テ参リ了、返入時舞台之上草墩居ヌレハ、菩薩ハ中ヲ通テ下了楽止之、吹出乱声時、舞台ヨリ下テ、始テ出テ舞ヲ供ス、此鳥者、極楽世界スミテ、仏ヲ供養シタテマツル

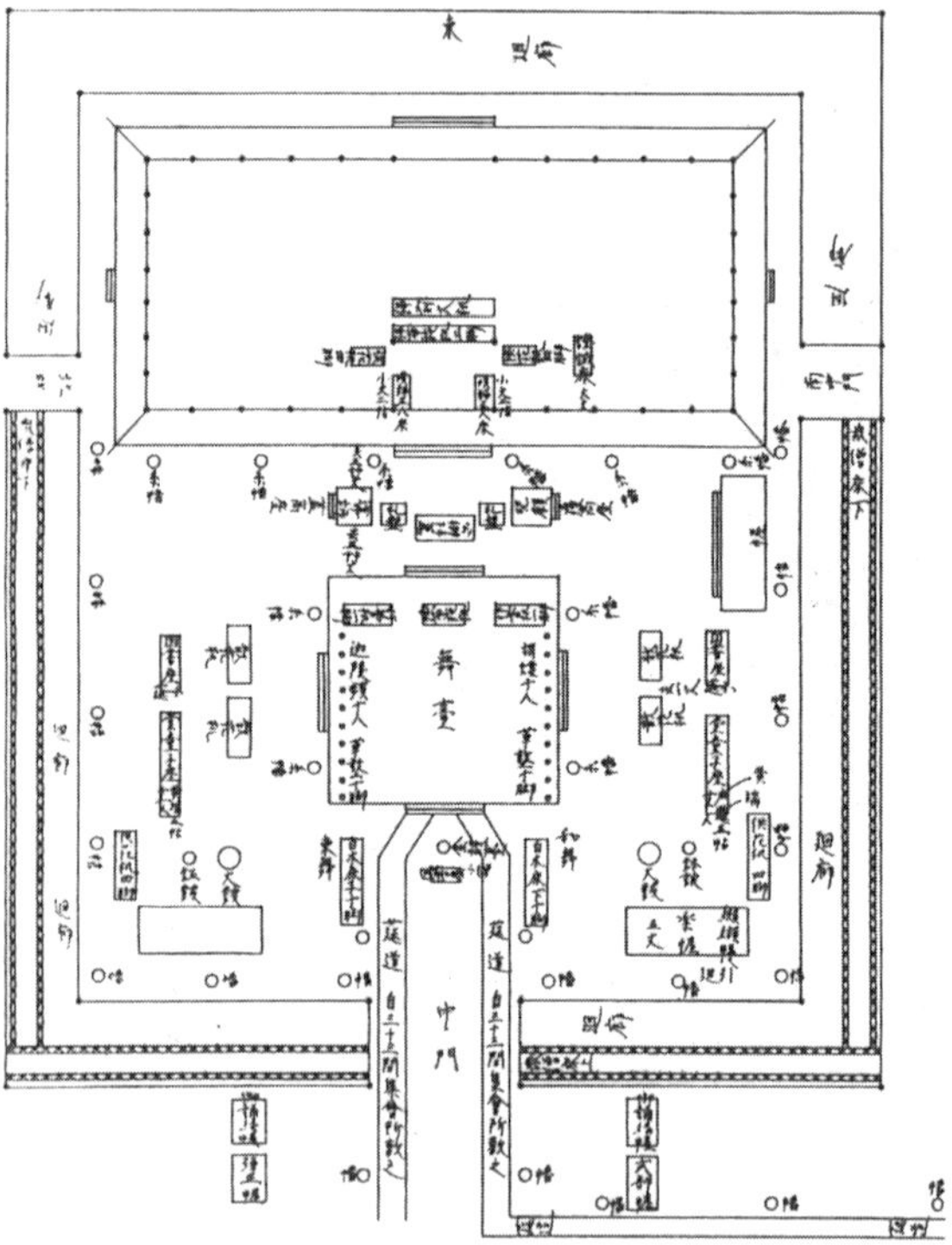

『東大寺供養図』仁和寺蔵（『守覚法親王の儀礼世界—仁和寺蔵紺表紙小双紙の研究—基幹法会解題・付録資料集・論考・索引篇』勉誠社、1995年より）

その大意は以下の通りである。

この曲は、天竺の祇園寺における供養の日、迦陵頻が飛翔して来て舞をする際に、妙音天がこの曲を演奏し、阿難陀がこれを伝え広めた。迦楼賓（迦陵頻）は梵語で、漢土では教鳥といわれている。この鳥は苦空とさえずり、無我常楽我浄と諭す。銅拍子を突く音はこの鳥の声をまねるものである。これは婆羅門僧正（以下波羅門を婆羅門と表す）と仏哲師の伝えである。伽婁賓（迦陵頻）は件の菩薩とともに舞い、曲を表した。妙音天が南天竺の国に降臨したときに、婆羅門に伝えた舞なのである。婆羅門僧正に直接に伝えたのち、漢土には留まらず、先に本朝へ伝えたと言われている。この舞を法会に行う作法では、菩薩に供花を捧げる。左は鳥の舞（迦陵頻の別称）、右は蝶の舞。対をなして花を持って参る。戻る時は舞台の上の草墩にいて、菩薩は中を通って下りる。乱声が吹き出した時に、舞台から下りて舞を供える。この鳥は、極楽世界に住み、仏を供養する鳥なのである。

まず、舞楽「迦陵頻」を伝えたとされる婆羅門僧正と仏哲の二人について見てみる。この記述はのちの室町時代の楽書『体源抄』や江戸時代の楽書『楽家録』においても継承され、楽家のあいだでは定着した伝承である。『教訓抄』において、「迦陵頻」以外にも、次のように、婆羅門僧正や仏哲によって伝えられたとされる曲が見える。

（巻一・林邑乱声）　菩薩、迦楼頻、抜頭、倍臚コレミナ婆羅門僧正自天竺渡給、林邑ハ天竺ノ国ノ名ト申タリ委ハ内伝ニソ侍ラン可尋

（巻一・羅陵王）　此曲沙門仏哲伝へ渡ス唐招提寺留置也

（巻二・万秋楽）　先自百済国、波羅門僧正所伝来也

（巻四・抜頭）　此曲天竺ノ楽也波羅門伝来随一也、舞作者非詳之、一説云沙門仏哲伝之、置唐招提寺云々

（巻四・菩薩）　是天竺ノ舞楽也、而波羅門僧疋（マヽ）菩提、并仏哲師等ノ化人等、此朝へ所伝也云々

（巻四・陪臚破陣楽）　或人云楽者波羅門僧正伝へ来タリ給フ

『教訓抄』は、「迦陵頻」を含む六曲は婆羅門僧正と仏哲の二人によって日本にもたらされたと伝えている。特に「羅陵王」（蘭陵王）と「抜頭」の「一説」以外には婆羅門僧正は深く関わっているとみられる。

婆羅門僧正とは、『続日本紀』の天平八年冬十月戊申の条、「施唐僧道璿、波羅門僧菩提、等時服」[21]に記された婆羅門僧菩提遷那のことである。婆羅門僧菩提は、天平八年（七三六）一〇月に、唐の僧侶道璿（七〇二～七六〇）とともに、時服が施された実在人物である。僧菩提はのちに僧正となり、奈良時代の最も重要な国事ともいえる、天平勝宝四年（七五二）に行われた東大寺の大仏開

眼供養会の開眼導師を務めた。その様子は平安後期に編集された『東大寺要録』巻二に記されており、婆羅門僧正は国家的な仏教活動において重要な役割を果たしていた僧侶であるとみられる。

仏哲については、正史における記録が見られないが、大安寺の修栄（生没年不詳）が神護景雲四年（七七〇）に撰録した「南天竺波羅門僧正碑并序」[22]、『東大寺要録』巻二所引の「大安寺菩提伝来記」[23]によると、林邑国の僧侶仏哲は、天平八年（七三六）に唐の僧侶道璿、南天竺の僧侶婆羅門菩提とともに来朝したとみられ、天平勝宝四年（七五二）の大仏開眼供養会の際に「雅楽之師」を務めた人物である。

舞楽「迦陵頻」の将来者とされる婆羅門僧正と仏哲はともに実在した、奈良時代に活躍した人物であり、『教訓抄』はこの二人の活躍を踏まえて舞楽「迦陵頻」の由来を説いたものと見なされる。

次に、ここで記された演じ方を見ると、舞楽「迦陵頻」の舞人は、まず菩薩に花を捧げてから舞を舞う。この行い方はほかの舞楽には見られず、「迦陵頻」の独特な性格を表している。前述の東大寺供養会における演じ方と合わせて見ると、舞楽「迦陵頻」が供養舞として見なされることは楽家の間の共通認識として継承されてきたと言えるだろう。

これまで見てきた迦陵頻伽に関する伝承を総合的に考えると、舞楽「迦陵頻」が供養舞として認識される背景は、奇譚などの説話的要素を除けば、一般的に、①浄土に迦陵頻伽という霊鳥がいるとされることから、②絵画などで迦陵頻伽が供養する姿を確認でき、③それをかたどった舞楽が作られ、④（ここでもう一度仏典が想起されて）できあがった舞楽「迦陵頻伽」が供養舞として用いられた、といった経緯をたどったのではないかと考えられる。この過程で、奈良時代に国家的行事の法会や外来楽舞の教習に大きく貢献した渡来僧の婆羅門僧正と仏哲がおそらく大きく関わっていたと伝えられていた。

しかしながら、『教訓抄』に説かれる舞楽「迦陵頻」が供養舞である所以は上記の経緯とは順序が異なる。

『教訓抄』のこの説話では、浄土に住む迦陵頻伽が舞ったものはその舞の原型であり、妙音天が奏でた曲をその曲の原型としている。すなわち、舞楽「迦陵頻」の舞と曲は人間によって作られたものではなく、浄土に存在したまたは発生したものが人間界に流布したとされている。

妙音天とは美音天、辯才天とも訳され、現在日本において弁才天または弁財天と表記される音楽・辯才・財福・智慧の徳がある天女であり、吉祥天とともに多く信仰された[24]。仏教経典では金光明最勝王経大辯才天女品に詳述され、密教においては琵琶がその象徴となる。阿難とは釈迦の十大弟子の一人の阿難陀である。阿難は出家して間もなく釈迦の常随の弟子となり、釈迦の弟子の中でもっとも多く教説を記憶するため「多聞第一」と称された。このように、迦陵頻伽と妙音天、そして両者によって舞われた舞と奏でられた曲を伝えた阿難は、すべて仏教の世界観で説かれた存在である。阿難が舞楽「迦陵頻」を伝え広めたというところは、そのあとの妙音天が降臨して婆羅門僧正に伝えたというところとは齟齬が生じるが、前者は阿難が舞と曲を記録したという解釈もできる。ところで、弁才天の降臨にまつわる伝承は日本にも数多く残されており、中世に貴賤大衆の参詣の最盛期を迎えた近江竹生島宝厳寺はその一つとして挙げられる。いずれにしても、この説話に現れる存在はすべて仏教において広く知られており、それらに対する信仰があつい。

つまり、『教訓抄』で舞楽「迦陵頻」が供養舞であるのは、①浄土にいる迦陵頻伽が供養舞を舞い、妙音天がその曲を奏でたものが舞楽「迦陵頻」であり、②妙音天が降臨して、供養舞としての舞楽「迦陵頻」を直接に婆羅門僧正に伝え、③婆羅門僧正がその供養舞としての舞楽「迦陵頻」を本朝にもたらした、といった経緯を説いている。これは後述する舞楽「春鶯囀」や「蘇合香」「甘州」の、すでに出来上がった曲自体に霊力を有すると説く奇譚とは異なり、「迦陵頻」の舞と楽、そのものの発生自体を仏の世界に由来すると説く奇譚である。奈良時代に大活躍した婆羅門僧正が浄土と人間界を繋げる奇譚の証明者として仕立てられ、説話自体は極めて仏教的な世界観から生まれた叙事詩的内容である。まさに狛近真が提唱した「舞曲ノ源ヲタツヌレハ、仏世界ヨリ始」という思想のもっとも代表的な例であると考えられる。

最後に課題として興味深いことを提示しておく。すでに述べたように、唐代の壁画には迦陵頻伽が数多く描かれているとは言え、すべての浄土変相図に描かれているわけでない。つまり迦陵頻伽は浄土にいる諸仏や諸菩薩およびその他の存在の一つとして描かれた。一方、日本の浄土変相図では、当麻曼荼羅は虚空、智光曼荼羅と清海曼荼羅は下方の舞楽会に迦陵頻伽が描かれ、その位置は固定であるうえに、ほぼすべての曼荼羅にその姿がみられる。舞楽「迦陵頻」の伝来と関連する婆羅門僧正は天平八年（七三六）に来朝したが、天平宝字七年（七六三）に中将姫が蓮糸で織りなしたと伝説される当麻曼荼羅図の原本はいつ頃の制作かは不明である。したがって、舞楽「迦陵頻」が供養舞としての性格が確立したからそう描かれたのか、それともそう描かれたから舞楽「迦陵頻」が供養舞としての性格がさらに明確になったのかは不明である。しかし、『教訓抄』で「迦陵頻」が「不留漢土」と記したのは、婆羅門僧正が日本で創作したことを示唆しており、それはまた舞楽「迦陵頻」が大陸から伝来したほかの舞楽とは異なる特別な存在であることを反映しているのではないかと思われるのである。

注

1　本章は拙稿「古代日本における舞楽の伝来と奏演の特質――「迦陵頻」を中心に――」(『比較文化研究』第九八号、二〇一一年九月)、「浄土変相図に描かれる迦陵頻伽の考察――敦煌壁画を中心に――」(『比較文化研究』第一〇三号、二〇一二年三月)を加筆、修正したものである。

2　テキストは東京大学大正新脩大蔵経テキストデータベース(SAT) http://21dzk.l.u-tokyo.ac.jp/SAT/ による。なお、本研究における仏典のテキストはすべて同データベースのテキストを用いる。

3　絵画資料の出典は以下の通りである。①二二〇窟：毎日新聞社編『中国敦煌壁画展』(毎日新聞社、一九八二年)、②三二九窟⑦一一二窟⑧一五八窟⑨一五九窟：敦煌文化研究所編『中国石窟 莫高窟』(文物出版社・平凡社、一九八二年)、③一四八窟④一七二窟：段文傑『中国敦煌壁画全集 盛唐』(天津人民美術出版社、二〇一〇年)、⑤二一七窟：毎日新聞社編『中国敦煌壁画展』(毎日新聞社、一九八二年)、⑥絹絵報恩経変相図⑬絹絵薬師浄土変相図：大英博物館監修『敦煌絵画Ⅰ』(西域美術Ⅰ、講談社、一九八二年)、⑫楡二五窟：敦煌文化研究所編『中国石窟 安西楡林窟』(文物出版社・平凡社、一九九七年)、⑭一二窟⑯一九六窟：関友恵編『中国敦煌壁画全集 晩唐』(天津人民美術出版社、二〇〇一年)、⑩一九七窟⑪三八六窟：敦煌研究院『敦煌石窟全集17 舞踏画巻』(商務印書館、二〇〇一年)⑮一九二窟：敦煌研究院『敦煌石窟全集16 音楽画巻』(商務印書館、二〇〇二年)。

4　国会図書館蔵宋刊『楽書』による。

5　(唐)杜佑『通典』(中華書局、一九八八年)巻第一百四十四楽四、三六八一頁。

6　前掲『通典』巻第一百四十四楽四、三六八〇～三六八一頁。

7　拍板の成立年代について、岸辺成雄「唐代楽器の国際性」(『唐代の楽器』、東洋音楽学会編、一九六八年)と鄭汝中の『敦煌壁画楽舞研究』(甘粛教育出版社、二〇〇二年)を参照されたい。

8 前掲『通典』巻第一百四十四楽四、三六七三〜三六七四頁。

9 (後漢)劉熙『釈名』(中華書局、一九八五年)巻七釈楽器第二十二、一〇六頁。

10 奈良国立博物館『浄土曼荼羅――極楽浄土と来迎のロマン――』(奈良国立博物館、一九八三年)一〇頁。

11 奈良国立博物館『浄土曼荼羅――極楽浄土と来迎のロマン――』(奈良国立博物館、一九八三年)二〇三〜二〇四頁。

12 内田啓一監修『浄土の美術 極楽往生への願いが生んだ救いの美』(仏教美術を極める2、東京美術、二〇〇九年)一〇九頁。

13 奈良国立博物館収蔵品データベースの画像による。画像提供 奈良国立博物館(撮影 矢沢邑一)。

14 ただし、外縁にこの浄土に生まれるための方法と手段を三辺にわけてあらわすのが当麻曼荼羅の一番の特色であり、唐代の一部の浄土変相図には十六観の前十三観しか描かれておらず、最後の三観すなわち九品来迎が描かれておらず、なお検討の余地があるといえる。

15 内田啓一監修『浄土の美術 極楽往生への願いが生んだ救いの美』(仏教美術を極める2、東京美術、二〇〇九年)二二頁。

16 奈良国立博物館『浄土曼荼羅――極楽浄土と来迎のロマン――』(奈良国立博物館、一九八三年)八七頁所収の図。画像提供 奈良国立博物館(撮影 佐々木香輔)。

17 敦煌莫高窟一八窟に描かれた観無量寿経変、莫高窟四四五窟に描かれた阿弥陀浄土変などが挙げられる。

18 筒井英俊『東大寺要録』(全国書房、一九四四年)七三〜七七頁。

19 「入調の舞」の仏教儀礼における余興的な性格については、小野功龍「雅楽と法会」(芸能史研究会編『雅楽――王朝の宮廷芸能』日本の古典芸能2、平凡社、一九七〇年、所収)を参照。

20 仁和寺紺表紙小双紙研究会編『守覚法親王の儀礼世界――仁和寺蔵紺表紙小双紙の研究――基幹法会解

題附録資料集論考索引篇』（勉誠社、一九九五年）所収。
21　黒板勝美編校訂『続日本紀』（新訂増補国史大系普及版、吉川弘文館、一九八七年）一四一頁。
22　塙保己一編『群書類従』第四輯（経済雑誌社、一九〇二年）所収、五七九〜五八一頁。
23　筒井英俊編『東大寺要録』（全国書房、一九四四年）五四〜五六頁。
24　中村元監修『新佛教辞典 増補』（誠信書房、一九八〇年）「妙音天」の条、「辯才天」の条。

第四章　「蘭陵王」にまつわる伝承

中国の南北朝時代の北朝に、高氏によって建てられた北斉という国があった。北斉は国としては五五〇年から五七七年までのわずか二八年間の歴史しかもたなかったが、その間に輝きを放ち、人々の興味を引き付けた人物がいる。それは北斉の皇族、蘭陵王と呼ばれる高長恭（五四一〜五七三）である。

蘭陵王はあまりにも美しい顔立ちをしているため、敵に侮られないように面をつけて戦に赴いた、と『北史』や『北斉書』などには記されている。また、三〇歳前後という若さで皇帝から自死を命じられた［1］美貌で勇敢な蘭陵王の悲劇の人生は世人の口碑に伝唱する悲話となり、蘭陵王が面をつけて奮戦している場面に因んで作られた楽舞「蘭陵王入陣曲」（以下括弧で括る「蘭陵王」と略す）は、のちの世に広く知れ渡っている。

本章では、こうして作られた楽舞「蘭陵王」の古代中国における伝承とその性格を考察したうえで、それがどのように日本舞楽に吸収されたかを、『教訓抄』における舞楽「蘭陵王」の記述を通して検討する［2］。

第一節　中国の歴史に書かれる蘭陵王高長恭の生涯

蘭陵王の生涯について書かれた正史は『北史』と『北斉書』が挙げられる。両者とも二十四史に属し、唐代に成立した歴史書である。『北斉書』の一部は散逸したため、後世の人が『北史』などの諸書によって補ったため、ここでは、『北史』の記述を中心に蘭陵王について見てみよう。

『北史』〔3〕巻五十二・列伝四十・斉宗室諸王下は、簡潔な文章で蘭陵王の青年期から鴆毒を飲んで薨じたまでの悲劇を鮮やかに描いている。この伝記のはじめには、文襄皇帝高澄（五二一～五四九）の六人の息子の出自が書かれているが、称号が蘭陵王の高長恭だけは母親の姓が記されていない。南北朝時代は門閥制度が盛んで貴族が社会の主導権を握り、家柄がもっとも重視される時代でもあった。それにもかかわらず、皇子の母親である女性の姓を歴史書が明記しなかったことは、蘭陵王の母親の身分が非常に低かったことを意味している。歴史書には詳しいことが書かれていないが、皇族でありながらその出自が「不詳」であることに蘭陵王がさまざまな外的圧力を受けたことは想像に難くない。

蘭陵王の「弱点」はその出自だけではなかった。『北史』は「貌柔心壮、音容兼美」、すなわち、蘭陵王は顔が優しく心が強い、声も姿も美しい人であったと記す。そのあまりにも美しい顔が乱世の南北朝においては非常に不利とされ、武術に長けていたにもかかわらず、蘭陵王は敵に侮られないように仮面をつけて戦いに赴いたという。このことは、次節に挙げる唐代の『通典』の記述と、後晋の『旧唐書』の記述によって知られる［4］。

美貌のほか、蘭陵王はまた将軍の時にどんな細事であっても自ら勤め、美味しいものを得るたび、たとえ一つの果物であっても必ず将卒と分け合う優しい人であった［5］。その仁徳は以下のエピソードからもうかがわれる。

初めて瀛州へ行ったとき、行参軍の陽士深は朝廷に蘭陵王の賄賂の噂を広めた。その結果、蘭陵王は免官された。定陽を討伐する際、従軍していた士深は禍が及ぶことを恐れた。それを聞いた蘭陵王は「吾はもとよりその意はない」と言い、士深を安心させるために小さな誤りを選び、士深に二十回の杖罪を与えた、という［6］。

さらに、「嘗入朝而出、僕従尽散、唯有一人。長恭独還、无所譴罰」と書かれたように、かつて入朝の帰りに、従僕がみんな（待たずに）居なくなり、蘭陵王は一人で帰った。しかし誰も罰せられることがなかった。

部下や従僕に優しい蘭陵王の性格はこのような些細な出来事からも垣間見ることができる。しかし、蘭陵王は戦場に立つと堂々たる勇敢な人であった。

> 突厥入晋阳、長恭尽力撃之。芒山之敗《ママ》〔7〕、長恭為中軍、率五百騎再入周軍、遂至金墉之下、被囲甚急。城上人弗識、長恭免冑示之面、乃下弩手救之、于是大捷。武士共歌謡之、為蘭陵王入陣曲是也。

その大意を以下に示す。

> 突厥が晋陽に侵入した時、長恭は力を尽くしてこれを撃退した。芒山の戦いでは、長恭は中軍を指揮し、五百騎を率い、再び北周軍に突入し、金墉城に辿り着いたが、敵の包囲が厳しかった。城の守備兵は長恭の軍が味方かどうか判断できなかったため、長恭は兜を脱いで素顔をさらした。味方であることを知った守備兵は弩を下ろして開門し、勝利した。北斉の兵士たちはこの出来事を歌謡にした。それが「蘭陵王入陣曲」である。

五百騎だけで敵の陣中に入る蘭陵王の鋭気に傾倒した兵士たちは、戦場に起きたドラマチックな出来事を歌謡「蘭陵王」にしてたたえたのである。この歌謡は現在中国に残っていないが、後述のごとく、『教訓抄』の舞楽「蘭陵王」に関する叙述には舞に伴う歌詞の一種である囀の詞が記されており、その字里行間は蘭陵王の英姿を彷彿とさせている。

凱旋した蘭陵王を武成帝（五三七～五六九）は称賛し、賈護（生没年不詳）に命じて二十人の妾を買い取らせて彼に与えた。しかし蘭陵王はそのうちからただ一人を受け取った〔8〕。しかし、このような美しくて優しく、勇ましくて好色でない、部下に敬愛される皇子は、上記の戦いを「国の事」と言うべきところをつい「家の事」と称したため、皇帝の猜疑心を買ってしまった。

その後、蘭陵王はわざと賄賂を受け取るなど、才能を隠し、皇帝の忌避から身を守るための低い姿勢を見せたが、とうとう武平四年（五七三）五月に鴆毒（猛毒を自ら服することによる死罪）が下された。「我忠以事上、何辜于天而遭鴆也?」、私が忠義を尽くして陛下に仕えたのに、どこが天の期待を背いて鴆を飲む身になるべきかと嘆いた蘭陵王は、無念のままに薨じた。毒を飲む前に、人に千金を貸した証文をことごとく燃やしたのも、その貴公子たる人柄を表している。

美貌と才能を備えた皇子である蘭陵王の人生は悲劇で終わったが、戦場に赴くその堂々たる英姿は世の人の心を引き付け、伝唱されるようになった。のちに唐代の書物に記される楽舞「蘭陵王」はこのような説話をモチーフにした芸能である。北斉から唐代までの「蘭陵王」に関する伝承の様子は不明であるが、古来祭祀に用いられる雅楽ではない「蘭陵王」が唐代の宮廷音楽に吸収されたということは、少なくともそれまでに民間で伝えられていた「蘭陵王」が広がり宮廷にも伝わったことを意味すると考えられる。蘭陵王高長恭の生涯とそれに関する言い伝えは芸能としての「蘭陵王」の伝承のもとになり、それとともに後世に伝わっていったのである。

次に、楽舞「蘭陵王」が唐代においてどのように伝えられ、またどのような特徴を有したかを見ていく。

第二節　唐代に伝承されていた「蘭陵王」
――物語性を有する散楽

「蘭陵王」が宮廷音楽として初めて記されたのは唐代の杜佑が著した『通典』である。『通典』は七六六年から八〇一年にかけて編纂された、中国歴史上の初めての政書である。その内容は黄帝から唐代の玄宗までの法令制度やその沿革に関するものであるが、唐代についての記述はもっとも詳しいとみなされる。

『通典』の巻一百四十六・楽六には以下の記述がある（下線は曲名を示す原注）。

大面出於北斉。蘭陵王長恭才武而貌美、常著假面以対敵。嘗撃周師金墉城下、勇冠三軍、斉人壮之、為此舞以効其指麾撃刺之容、謂之蘭陵王入陣曲［9］

その大意を以下に示す。

大面は北斉に生まれた。北斉蘭陵王長恭は武術に長け、顔立ちは美しく、（このため）常に仮面をつけて敵と戦った。金墉城の下で周の軍隊を攻撃し、彼の勇ましさは三軍に冠するものであった。斉人はこれで勇気を得、舞を創作し、彼の戦いの様子を再現した。これを「蘭陵王入陣曲」と名付けた。

「蘭陵王」の由来について書かれた内容であり、『旧唐書』もこの記述をほぼ踏襲している。これを前節に引用した『北史』の記述と比べると、『北史』では兵士たちは蘭陵王の勇ましい姿を「歌謡」で表現したと記されるのに対し、『通典』では「舞」と記されている。歌謡の「歌」とは楽器の伴奏がある歌を意味し、「謡」とは楽器の伴奏がない歌を意味する。両者の総称が歌謡である。当初歌詞があったと思われる「蘭陵王」は、唐代になると、明らかに舞を伴う演奏形式が定着していたとみられる。

また、『北史』では仮面を外す動作と結果によって、蘭陵王であることが認識されるのに対して、『通典』では「常著假面以対敵」という文句が増え、仮面をつけることによって蘭陵王であることが認識される。言い換えれば、仮面が蘭陵王のシンボルである上、「蘭陵王」を演じる際は、舞人が仮面をつけることによって役を担うことになり、物語が進行する、という意味合いが含まれる。

『通典』では、堂上で演奏する坐部伎と堂下で演奏する立部伎、すなわち「坐立部伎」という項目の後ろに、「散楽」の項目が設けられ、「蘭陵王」に関する記述はこの散楽の条のもとにある。散楽については「隋以前謂之百戲」と記される。散楽は隋代以前に百戯と呼ばれていたというのである。

「百戲」の初出は陳寿（二三三〜二九七）が撰述した『三国志』の『魏書』にみられ、文帝紀第二に「設伎楽百戲」と書かれており、魏文帝（在位二二〇〜二二六）の時、伎楽と百戯を設けた。また魏収（五〇六〜五七二）が撰述した『魏書』の楽志（志第十四・楽五）に「太宗初、又増修之、撰合大曲」と書かれたように、北魏明元帝（在位四〇九〜四二三）の時は百戯を増修し、大曲として撰した。『隋書』（志第九・音楽中）によると、武成二年（五六〇）正月一日の朝、北周の明帝（在位五五七〜五六〇）が諸臣を紫極殿で接見し、初めて百戯を用いたことや、宣帝の時（在位五七八〜五七九）に多くの雑伎を宮中に召し出し、百戯を増修したことがわかる[10]。

百戯の内容について、同じく『隋書』（志第十・音楽下）では以下のように記している[11]。

斉武平中、有魚龍爛漫、俳優、硃儒、山車、巨象、抜井、種瓜、殺馬、剥驢等。奇怪異端。百有余物、名為百戲。

北斉の武平年間（五七〇〜五七六）、魚龍爛漫、俳優、硃儒、巨象、抜井、種瓜、殺馬、剥驢などの奇怪異端な芸がある。演目が百種類以上もあることから百戯と呼ばれる。というのが大意である。

百戯はこのように「殺馬」「剥驢」などの大型幻術が含まれ、民間に生まれた非常に世俗的、視覚的、感覚的な音楽であり、古来儒家によって尊重されてきた、礼節と結びつき人心を感化し良き方向へ導く音楽、いわゆる正しい音楽とは質が異なる。そのため、百戯は隋代まで宮廷で演奏することがしばしば禁じられていたが、隋煬帝（在位六〇四～六一八）の大業二年（六〇六）、ついに太常寺でのちに散楽と呼ばれる百戯の教習が始められ、毎年の正月に演じられるようになった[12]。唐代になると、散楽が宮廷の饗宴楽の一つとして用いられたことは『通典』の記述によって知られる[13]。

また、『通典』楽六と『唐会要』（巻三十三・散楽の条）に記されたように、散楽は「非部伍之声、俳優歌舞雑奏」である。つまり、散楽は唐代の坐立部伎のような編成された正しい音楽ではなく、「俳優歌舞雑奏」の類である。

「俳優歌舞雑奏」とはどのような内容であったのか。この点は『通典』や『唐会要』に明記されていない。しかし、散楽の条に分類されるこの「歌舞」とは、坐立部伎に分類される一般的な宮廷歌舞とは異なっていたと考えられる。俳優については、王国維（一八七七～一九二七）は俳優が元来音楽を職務とし、主に歌舞や調戯の言葉で政治を風刺したものであったが、漢代以降は時おり故事を演じ、北斉の時より歌舞に合わせて一つの事柄を演じるようになったと指摘している[14]。任半塘（一八九七～一九九二）は、俳優とは台詞中心の表現形式、歌舞とは民間音楽を用いる坐立部伎と異なる演奏形式、雑奏とは両者が融合したものであると指摘している。さらに、これらによって演奏される散楽は、単なる民間音楽の特徴を有する歌舞ではなく、「歌舞戯」と呼ばれていたと主張している[15]。この「歌舞戯」という言葉は『旧唐書』の記述によるものである。『旧唐書』音楽二は「歌舞戯、有大面、抜頭、踏揺娘、窟礧子等戯」[16]と記す。歌舞戯には大面、抜頭、踏揺娘、窟礧子などの戯があるという意味である。大面はこれまで見てきた「蘭陵王」を意味する。『旧唐書』の記述によると、抜頭は、親を猛獣に食べられた胡人の子供が猛獣を探し求め、ついに猛獣を殺したという話を象って作られた舞である。踏揺娘は、酒飲みの醜い男がいつも酔ったあと妻を殴り、その妻は美しく歌が上手で、歌で訴える際いつも体を揺することから、この故事に因んで作られた曲である。窟礧子とは人形を操る劇のことであるという。

これらを見ると、窟礧子を除いて、「歌舞戯」と呼ばれるものはある特定の物語に因んで創作された舞と理解される。窟礧子の内容は詳しく明記されていないが、人形が人間の代わりに劇を演じることは確かであり、その上、「善歌舞」という記述から歌舞が付随していたことが窺われる。したがって歌舞戯とは、物語性を有する歌舞を意味すると考えられ、舞を演じる人（または人形）はある意味では劇の役を担当していたともいえる。

前述した任半塘は、「俳優歌舞雑奏」の「雑奏」に対する解釈についてはまだ検討の余地が残されるが、散楽はこのような音楽、舞踊、物語性と役割を有する「歌舞戯」であったという指摘については、筆者も賛同する。

「蘭陵王」を舞ではなく、「戯」として記す書物もある。歴史書ではないが、唐代の崔令欽（生没年不詳）が唐代の教坊制度[17]と逸聞を記した『教坊記』はその一つである。『教坊記』には蘭陵王が仮面をつけて戦いに赴くことに因んで「戯」が創作され、また歌曲にも入れられた（「因為此戯、亦入歌曲」）と、「蘭陵王」の由来を記している[18]。そのほか、唐代の段安節（生没年不詳）が著した『楽府雑録』（鼓架部）にも「戯有代面」[19]、「戯」には代面がある、と書かれている。「代面」とは『通典』などでみられた「蘭陵王」の別称である「大面」を意味する[20]。つまり「蘭陵王」は「戯」の一種としてみなされていたのである。その役者の装束について、『楽府雑録』では「戯者衣紫腰金執鞭也」、役者は紫の衣装に金色の帯、鞭を持つ姿という出で立ちであると記す。

「戯」とは、そもそも武器の一種の名前であったが[21]、漢代より歌舞と雑技の意味合いを持つようになった[22]。しかし、ここでいう「戯」とは単なる歌舞ではなく、現在でも黄梅戯などの中国古典的演劇の形式――戯曲――に用いられるように、歌舞を伴う物語性を有する表現形式を意味する。戯曲の起源については様々な議論が行われてきたが[23]、王国維が『戯曲考原』の中で指摘したように、戯曲とは歌舞を以て物語を演ずる[24]音楽、すなわち舞踊と物語性が備わる芸術表現であり、「蘭陵王」はその一つとして捉えることができるのである。

「蘭陵王」の唐代における演奏実態を知る手がかりとして、『欽定全唐文』（巻二七九）に収録された唐代の代国長公主碑の碑文を挙げることができる。唐代の玄宗皇帝の妹、李華（七一五？～七六六）の神道碑の碑文[25]には、

初、則天太后御明堂、宴。聖上年六歳、為楚王、舞長命（闕字）年十二、為皇孫、作安公子。

岐王年五歳、為衛王、弄蘭陵王。公主年四歳、與寿昌公主対舞西涼

と書かれている。その大意は以下の通りである。

則天太后は御明堂に宴を設けた。聖上は年六歳、楚王であり、長命を舞った。(闕字)は年十二歳、皇孫であり、安公子を演じた。岐王は年五歳、衛王であり、蘭陵王を披露した。公主は年四歳、寿昌公主と対になって西涼を舞った。

楚王とは玄宗皇帝李隆基(六八五~七六二)、岐王とはその弟の李隆範(六八六~七二六)、公主とはのちに「代長公主」と授封される李華である。則天武后が宴を開いた時、皇族の子供たちが披露したさまざまな芸能の中に「蘭陵王」も入っていたこと、すなわち七世紀の後半頃には芸能表現としての「蘭陵王」が宮廷でも流行っていたことがわかる。しかし、「蘭陵王」を含む散楽の宮廷での伝承は、その後の安史の乱による楽人の四散を境に、徐々に廃れはじめた[26]。

一方、玄宗皇帝は、即位した開元元年(七一三)と次の年の開元二年に、散楽を禁止する勅令を二回発布した[27]。それほどまでに、散楽の民間への浸透が深かったとみられる。安史の乱以降、四散した宮廷楽人によって民間散楽の繁栄の土台が築かれ、のちの宋元の「劇」時代が唐代の「歌舞戯」時代に取って代わることになる。

王朝交代、楽人の四散および芸能形態の変化などにつれて、かつて唐代文化の代表でもあった宮廷音楽は伝承されなくなり、「蘭陵王」も消えていった。その一方、唐代と交流が頻繁であった日本は唐代の宮廷音楽を吸収し、積極的に日本の雅楽に取り入れていく。その内容は祖先祭祀に用いられる雅楽ではなく、主に散楽を含む宮廷饗宴楽であった。

次節では、日本の雅楽に吸収された「蘭陵王」の伝承について、『教訓抄』がどのように記しているのかを見ていく。

第三節 『教訓抄』に伝えられる「蘭陵王」

「蘭陵王」に関する記述が正史にみられるのは、『日本三代実録』〔28〕元慶六年三月己巳の条である。元慶六年（八八二）三月、皇太后の四十歳を祝う宴に、当時八歳であった貞数親王（八七五〜九一六）が「陵王」を舞った。「陵王」とは舞楽「蘭陵王」の略称であるが、この記述によると、平安時代に「蘭陵王」が貴族の間で親しまれ、饗宴楽に用いられたことを知ることが出来る。この時に演じられた「蘭陵王」はどのようなものであったかについては書かれていないが、『教訓抄』の内容を通して、平安時代より伝承されてきた舞楽「蘭陵王」の演奏の実態とその曲の由来などついて知ることができる。

まず、『教訓抄』巻一に記された「蘭陵王」の以下の(イ)の内容を見てみよう（資料のイ、ロ、ハ、ニの順番は筆者による、以下同）。

(イ)

面有二様、一者武部様　黒眉　八方荒序之時用之　一者長恭仮面様小面云、光季家相伝宝物也
此曲ノ由来ハ、通典ト申文ニ申タルハ、大国北斎《国名》ニ、蘭陵ノ王《長恭》ト申ケル人、国《クニヲ》シツメムカタメニ、軍《イクサ》ニ出給フニ、件王ナラヒナク、才智武勇《サイチフヨウ》ニシテ形《カタチ》ウツクシクシクヲハシケレハ、軍《イクサ》ヲハセスシテ、偏ニ将軍ヲミタテマツラム、トノミシケレハ、其様ヲ心得給テ、仮面ヲ着《チャク》シテ後ニシテ、周師《シュノイクサ》金墉城下ニウツ、サテ世コソリテ勇《イサミ》三軍ニカフラシメテ、此舞ヲ作、指麾撃刺《クキケキラツ》ノカタチコレヲ習、コレヲモテアソフニ、天下泰平ニシテ、国土ユタカ也、仍テ蘭陵王入陣曲ト云、此朝伝来様、未勘出　尾張連浜主流ヲ、正説トスル也

その大意を以下に示す。

（「蘭陵王」に使う）面は二種類がある。一つは武部のようで黒眉、八方荒序の時に用いられる。もう一つは高長恭の仮面のようであり、小面と言い、光季家相伝の宝物である。この曲の由来は、『通典』という書物によれば、大国の北斉に蘭陵王長恭という人が国を鎮めるために出軍した際に、王も並ぶもののない才智と武勇を有して、容姿も美しい。軍人ではないものの、将軍と任じられ、仮面をつけて金墉城の下で周の軍隊を攻撃した。彼の世の中の誰よりも勇ましいことは三軍に冠するものであったため、この舞が作られた。蘭陵王長恭の戦いの様子を再現した舞である。この舞を舞うと天下泰平と国土豊饒の願いが叶う。したがって、「蘭陵王入陣曲」という。本朝に伝来の様子は出典を調べていないが、尾張連浜主の伝承が正統なものである。

この一節は『通典』を踏まえたうえで舞楽「蘭陵王」の由来を説いた内容である。注目されるのは、「コレヲモチテアソブニ、天下泰平国土ユタカ也」、すなわちこの舞を舞うと天下泰平と国土豊饒の願いが叶う、という内容が加えられている点である。

また、仮面が二通りあるということも、日本の伝承にしかみられない特徴である。一つ目は武部のような黒眉の姿である。武部とはおそらく日本武尊の名を伝えるために設けられた名代として伝承し、令制前の軍事的部民の一つであろうと考えるが、その顔の特徴は明らかではない。しかし、黒眉であることは少なくとも現行の舞楽「蘭陵王」の仮面とは異なる。二つ目の長恭仮面はおそらく現行の舞楽「蘭陵王」の恐ろしい仮面である。注の「小面」は『通典』の「大面」とは対照的な表現であり、両者の関係は装束の伝承を示唆する興味深い内容であるが、今後の課題として残しておきたい。

この二点を除けば、『教訓抄』は『通典』の内容をほぼ踏襲している。しかし、『通典』が「蘭陵王」の由来を非常に簡潔に記述するのみであるのに対し、『教訓抄』には実際の演奏にまつわる話などが詳細に記されている。下記の「蘭陵王」の舞具の「桴」に関する記述もその一つである。「桴」の記述に続く内容は以下の(ロ)で示した通り、「蘭陵王」の日本における改編が明記された興味深いものである。

(ロ)

浜主カ伝ニ曰、陵王ノ桴ハ蘭陵ノ王入陣ノ時、鞭ノ姿也、而ヲ渡我朝之後、天平勝宝之比、高野天皇御時、以勅定、被改当曲之古《フルキ》説、五箇ノ新制《シンセイ》之内也、一者桴被縮《ツヽメ》一尺二寸、二者不可着蘿半臂、三者止《トヽメテ》七度囀《サヘツリヲ》、略定用三度、（中略）四者古ハ吹先古楽乱声、今ハ用新楽乱声、（中略）五者古ハ入舞入時吹渉陀調々子、今ハ用案摩急吹（以下略）

その大意を以下に示す。

「蘭陵王」の桴は蘭陵王が戦場に立つ時の鞭の姿を象った舞具である。本朝へ渡った後、天平勝宝の時、高野天皇（孝謙天皇）は勅令を以て当曲の古い制度を五箇所改めた。一つ目、桴を一尺二寸に縮めることである。二つ目、蘿半臂を着てはならない。三つ目、七度の囀を三度に略する。四つ目、先に吹く乱声を古楽乱声から新楽乱にと変える。五つ目、舞人が入場する時に吹く沙陀調の調子を、「案摩」の急の調子に変える。

この鞭については、前節で少し触れたが、『楽府雑録』にはすでに唐代の役者が紫の衣装に金色の帯と鞭を持つ姿であると書かれている。上述のように、『教訓抄』は「蘭陵王」の由来に関しては『通典』を踏襲している内容であるが、この桴に関する記述と合わせてみると、「蘭陵王」の伝来当初から日本の楽家は唐代の伝承を把握していたと考えられる。

ところが、続けて『教訓抄』は、孝謙天皇のときに、「蘭陵王」に関する改編が行われたと記している。上記の五つの改編項目のなかで、三つ目の囀は現行雅楽にはみられないが、古代では舞楽において舞人が漢文の詩句を朗詠することを以て囀と呼ぶ。改編されて三度になった囀について、『教訓抄』では以下の(ハ)で示した内容で書かれている。

(ハ)

囀三度、昔七度アリケレトモ、今世ニハモチキス、（中略）狛光時之流外他舞人不知之

其詞云
一説云、吾罰胡人　古見如来　我国守護　翻日為楽　浜主伝
一説、我等胡人　許還城楽　石於踏泥ノ如　第二度、光則説、当時用之
一説、阿力胡児　吐気如電初度　我採頂電　踏石如泥　光近説

この内容によると、囀は以前は七度を行っていたが、『教訓抄』が成立した頃には三度しか用いられなかったことを分かる。この囀は、狛氏の嫡流しか知らない内容であるとみられる。また、ここに挙げられた三説の詞について、「胡人」「胡児」という言葉が用いられたことは特徴的である。特に二つ目は「我ら胡人は還城の音楽を奏で、石を踏めば泥の如くなり」という意味の詞が書かれており、「胡人」は「我等」の自己認識となっていた。

「胡人」、「胡児」とは中原[29]にいる漢民族からみた非中原地域に生業を営む非漢民族のことである。蘭陵王の国であった北斉を建立した高氏は漢民族であったが、当時の北斉は非漢民族が大勢住んでいた多民族国家であり、中原文化と周辺民族の文化の融合が進む時代、または地域でもあった。北斉の主な民族の一つの敕勒族は、敕勒族が伝えたとされる有名な民謡「敕勒歌」[30]からも窺われるように、中国古代の北方を生活地域とする遊牧民族であった[31]。この囀の詞が中国より伝来したかどうかは断定できないが、少なくとも、蘭陵王の英姿を目にして、歌謡「蘭陵王」を作った兵士たちが非漢民族すなわち「胡人」であった可能性を踏まえて作られたことは推測される。

つまり、囀の回数は孝謙天皇のときに変えられたものの、その内容は原型の要素が残されていたと考えられるのである。

このように、奈良時代の伝承を受け継ぎ、平安時代から中世初期の日本に伝えられていた「蘭陵王」は、中国の記述を踏まえ、原型の要素を取り入れながら、その内容が日本になじむように改編され、伝承されたことが『教訓抄』には、まず記されている。しかしながら、『通典』を踏襲して舞楽「蘭陵王」の由来を説いた記述に続く部分になると、『教訓抄』は、以下のように中国の書物にみられない奇譚を記している。

(二)

又云　脂那国《シナコク》ニ一人王アリ、トナリノ国ノ、王ト天子ヲアラソヒケル間ニ、彼王崩畢、其子即位シテ、ナヲアラソヒヤマサリケレハ、太子王ノ陵ニ向ヒ給テ、ナケキ申サレ給ヒケレハ、忽墓内《ツカノウチニ》コエアリ、雷電《ライテン》シテ占子《コノ》王云ク、汝ナケクコトナカレトテ、則現《スナハチケンシテ》此形赴戦陣、
龍顔美鬢髯不異日ステニクレニヲヨヒテ、戦ヤフレヌヘシ、爰文王、飛神魂日ヲ搔《マネク》、仍蒼天午時ニ成
了、サテ合戦、如思国ヲウチトリテケリ、サテ世コソリテ、コレヲ歌舞、名没日還午楽雖無本文
所古者伝也

大意は以下の通りである。

脂那国（支那国）に一人の王がいた。隣の国の王と天子と争っている間に、例の王が崩御した。その子が即位したが、争いが止まないので太子は陵墓に行って嘆いたら、するとたちまち墓の中から声が聞こえて、雷と稲妻がこの王を取り巻き、「あなたは嘆くことなかれ」と言われたので、すなわちこの姿を現して戦陣に赴いた。龍顔は美鬢髯と異ならない。日は暮れたが戦は負けられない。そのときに文王（父王の訛か）が神魂を飛ばして日を招いた。今なお蒼天である。午の時になった。合戦では思いのままに国を討ち取った。世を挙げて、これを歌い、舞を舞う。「没日還日楽」と名づける。拠るべき古書の文はないが、古くから伝わったものである。

これは舞楽「蘭陵王」の由来を説くもう一つの物語である。戦場に赴いたその王は「龍顔美鬢髯」と描写されている。龍顔とは天子の顔、美鬢髯とは美しい髭を意味する。『漢書』では漢高祖の劉邦、『三国志』では関羽が「美鬢髯」と描写されるように、古代中国では美しい髭は美男子とされる人のシンボルの一つであった。この点は、『通典』などの中国の書物で蘭陵王が美男子として描かれるのと共通する部分がある。しかし、この記述には美しい髭と仮面の関係が見られないどころか、仮面についての言及さえもない。『通典』で説かれたような、仮面をつける所以や、それを以て特徴とする芸能としての「蘭陵王」の発生には、この物語は重点を置いておらず、『通典』で説かれる「蘭陵王」とはまったく別個の話と思われるほど、あらすじが異なる。崩御した王が墓から霊力を発して、暮れてしまった日をまた昇らせて子を助ける内容は、まさに奇譚である。「没日還日楽」と名づけたのも、こういった奇譚をなぞったからである。

『教訓抄』には「没日還日楽」が「蘭陵王」の別称かどうかも明記されておらず、なぜ「没日還日楽」の由来を「蘭陵王」の由来としているのか、両者の関係は不明である。ただ、ここで前述の囀の詞を照らし合わせてみると、興味深い事実が浮かび上がる。三つの囀の詞のうち、二番と三番は藤原師長（一一三八〜一一九二）が著した琵琶譜『仁智要録』と相似する。しかし、一番には相似する点がみられない。そして、この一番を二番・三番と比較すると、三つとも「胡人」「胡児」といった言葉を用いていることから前述のように周辺民族を意識していることは共通している。しかしながら、二番と三番は「胡人」と「胡児」を動作主とし、これらを褒めたたえる内容で囀の詞を展開している。それに対し、一番の詞は「吾罸胡人、古見如来、我国守護、翻日為楽」と述べていて、「胡人」は懲らしめられる対象となっており、「周辺地域」ではなく「中央」の立場から詞を展開している印象が強い。さらにその後に続く文からは、如来が現れて我が国を守護して日を翻して（それを）楽にした、という意味を読み取ることが不可能ではない。日を翻したという記述は、上記の「没日還日楽」の由来とも相通ずるものであり、一番の囀の詞は、二番と三番とは異なり、そもそも「没日還日楽」との関連から書かれたものではないかとも考えられるのである。一番の囀の詞で現れた国を守った如来、「没日還日楽」で説かれる神力を発した父の王はともに奇譚を起こした人物であり、この二者による表現は、ともに舞楽の由来を奇譚に求めている。

このような表現の背景にある『教訓抄』の意図に関連して、(イ)と(ハ)にともに見られる浜主に関する伝承を手がかりの一つとして提示しておきたい。(イ)では『通典』からの引用と思われる内容の最後に浜主による伝承が正統なものであるとの記述があり（「尾張連浜主流ヲ、正説トスル也」）、(ハ)でも囀の詞の一番が浜主の伝承であるとしている（「浜主伝」）。

両者を併せて見ると、(イ)で説く浜主が伝承した正統な舞楽には、もともと(ハ)の囀の詞の一番が付随していた可能性が高いと思われる。そうなると、上記で見たように(ハ)の一番の囀の詞が表現した内容は(ニ)の奇譚と相通ずることから、(イ)で伝承される浜主の正統な舞楽「蘭陵王」と、(ニ)で説かれる奇譚の「没日還日楽」との関連性が生じてくると考えられる。ここで仮に浜主が伝承したとされる正統な舞楽「蘭陵王」の由来が、実は(ニ)で説かれる「没日還日楽」の由来であり、そこにもともと(ハ)の一番の囀の詞が付随していたと考えることができるならば、浜主が伝承したとされる正統な舞楽「蘭陵王」は、そもそも中国由来の「蘭陵王」とそれに付随の囀の詞とは別の伝承系統を持っていたのではないかとも推測されるのである。

この推測が正しいとすれば、両者がなぜ同名の舞楽として伝承されるようになったのかという非常に興味深い疑問が残される。その理由は明らかではないとしても、『通典』の内容を引用しながら、蘭陵王のシンボルである仮面を中心にではなく、奇譚を中心に展開された「没日還日楽」の由来をあえて舞楽「蘭陵王」の由来として付け加えたところに、『教訓抄』の著者狛近真の意図を読み取ることができるのではないだろうか。

注

1 蘭陵王高長恭の生没年について、二十四史の『北史』『北斉書』、「斉故假黄鉞大師大尉公蘭陵忠武王（粛）碑」の墓誌には生年を明記しておらず、没年は武平四年（五七三）と記されている。享年は二八歳〜三三歳と推測される。

2 本章は拙稿「悲劇の皇子・時空を超えた旋律——蘭陵王と「蘭陵王入陣曲」をめぐって——」日本比較文化学会関東支部編『比較文化学の地平を拓く』（開文社、二〇一四年三月）、「散楽から舞楽へ——芸能伝承の視点から——」（『エコ・フィロソフィ研究』第八号、二〇一四年三月）を修正、加筆したものである。

3 （唐）李延寿撰『北史』（中華書局、一九七四年）一八七九〜一八八〇頁。

4 （唐）杜佑撰『通典』（中華書局、一九八八年）巻百四十六、「蘭陵王長恭才武而貌美、常著假面以対敵」、三七二九頁。（後晋）劉昫『旧唐書』（中華書局、一九七五年）志第九、「北斉蘭陵王長恭、才武而面美、常著假面以対敵」、一〇七四頁。

5 前掲『北史』、「為将、躬勤細事。毎得甘美、雖一瓜数果必与将士共之」。

6 前掲『北史』、「初在瀛州、行参軍陽士深表列其贓、免官。及討定陽、士深在軍、恐禍及。長恭聞之曰：「吾本无此意。」乃求小失、杖深二十、以安之」。

7 「芒山之敗」の「敗」は、北宋に成立した『冊府元亀』では「戦」と書かれ、南宋に成立した『通志』では「役」と書かれている。この『北史』の文章の後述には「大捷」という言葉が続き、史実を考慮すれば、「敗」は誤りであると考える。なお、蘭陵王の父親である文襄帝の生没年（五二一〜五四九）を考えれば、蘭陵王が中軍を率いる「芒山の戦い」は、五四三年に東魏（のちに北斉に禅譲）と西魏（のちに北周に禅譲）の間に起きた「邙山の戦い」とは異なり、『北斉書』列伝第八・段英、『周書』帝紀第五・

8　武帝上、『資治通鑑』巻百六十九の記述によると、河清三年（五六四）に起きた戦いである。「武成賞其功、命賈護為買妾二十人、唯受其一」。

9　前掲『通典』、三七二九頁。

10　（唐）魏徴撰『隋書』（中華書局、一九七三年）三四二頁、「明帝武成二年、正月朔旦、会群臣于紫极殿、始用百戲。（中略）及宣帝即位、而広召雑伎、増修百戲」。

11　前掲『隋書』、三八〇頁。

12　『通典』楽六、『唐会要』巻三十三・散楽の条による。

13　「若尋常享会、（中略）及会、先奏坐部伎、次奏立部伎、次奏蹀馬、次奏散楽」。

14　王国維『宋元戯曲考』（中国戯劇出版社、一九九九年）二～三頁。

15　任半塘『唐戯弄』（上海古籍出版社、一九八四年）二四一～二四二頁。

16　前掲『旧唐書』、一〇七三頁。

17　宮廷に仕える楽人や妓女に音楽を教習させる機関を設置する制度。

18　（唐）崔令欽『教坊記』（中国文学参考資料第一輯八、古典文学出版社、一九五七年）一四頁。

19　（唐）段安節『楽府雑録』（中国文学参考資料第一輯六、古典文学出版社、一九五七年）二四頁。

20　「大面」と「代面」について、『中国大百科全書』（中国大百科全書出版社、一九八三年）、『簡明戯劇詞典』（上海辞書出版社、一九九〇年）および『中国芸術百科辞典』（商務印書館、二〇〇四年）では両者が同一であるとみなされている。しかし、「蘭陵王入陣曲」がなぜ「大面」、「代面」と呼ばれるようになったかについては、説明に値する史料が見当たらないため、現在はまだ明らかでない。趙錫淮「代面、大面和敷演概念辨析」（中国戯曲学院学報第三三巻第三期、二〇一二年八月）では、「代面」を木製の仮面をつける歌舞劇とし、「大面」を角抵歌舞劇としている。しかし、趙氏の主張は『楽府雑録』（「代面」、木製の仮面の記述無）と『教坊記』（「大面」、木製の仮面の記述有）の記述を解釈できないため、筆者は「代面」と「大面」に関する検討の余地が残されていると考えるものの、現段階では両者を同一視する定説を認める。

21 （漢）許慎『説文解字』（叢書集成初編、中華書局、一九八五年）四二一頁。

22 広東広西湖南河南辞源修訂組編『辞源』（商務印書館、一九八〇年）一一九四頁、羅竹風主編『漢語大詞典 第五巻』（漢語大詞典出版社、一九九〇年）二五二頁、王力主編『古漢語字典』（中華書局、二〇〇〇年）三四四頁による。

23 祭祀説、祖先崇拝説、模倣説と生活説（労働・求愛）などに分けられる。孟瑶『中国戯曲史』（伝記文学叢書六六　伝記文学出版社、一九七九年）、廖奔『中国戯曲史』（専題史系列叢書、上海人民出版社、二〇〇四年）、陳維昭『二〇世紀中国古代文学研究史 戯曲巻』（東方出版中心、二〇〇六年）などが挙げられる。

24 「戯曲謂以歌舞演故事也」。王国維「戯曲考源」『王国維文集 第一巻』（中国文史出版社、一九九七年）四二五頁。

25 清嘉慶二十三年（一八一八）刻本を参照。

26 王昆吾『隋唐五代燕楽雑言歌辞研究』（中華書局、一九九五年）を参照。

27 前掲『唐会要』六二九頁、「開元元年十月七日、勅臘月乞寒、外蕃所出、漸浸成俗、因循已久。自今已後、無問蕃漢、即宜禁断」、（開元二年）「十月六日勅散楽巡村、特宜禁断。如有犯者、并容止主人及村正、決三十。所由官附考奏、其散楽人仍遞送重役」。

28 黒板勝美編『日本三代実録 後篇』（新訂増補国史大系普及版、一九七一年）五一七頁。

29 中原とは中国古代文化の中心で、漢民族発展の根拠となった地域、黄河中下流域の平原を指す。中原文化は中原地域を基礎とする物質文化と精神文化の総称として捉えられる。

30　歌詞：敕勒川陰山下　天似穹廬籠蓋四野　天蒼蒼野茫茫　風吹草低見牛羊

31　馬忠理「『蘭陵王入陣曲』疑釈」（『文物春秋』、一九九五年第一期、総第二七期）では、敕勒族と沙陀族の関係、敕勒族の音楽と沙陀調音楽の関係について述べられ、現行する沙陀調「蘭陵王」の起源を探るのに一つの手がかりを提示した。

第五章　「春鶯囀」にまつわる伝承

第一章で指摘したように、漢民族固有の音楽を確立した漢代とは異なり、唐代は西域各国との交流が深まるにつれて、南北朝以来の西域楽が次々と取り入れられた「国際的音楽時代」[1]であった。また、宮廷で演奏、制作された楽舞が民衆の間や民間の法会に用いられるようになった一方で、民間音楽も宮廷に吸収され、改編された。前代に比べ、唐代は宮廷音楽の伝承機関が多く設けられ、その内容もいっそう豊富になった。

そのうち唐代宮廷音楽において重要な位置づけを与えられたのが、大曲という歌・楽・舞を融合した大編成の楽舞である。この唐代の宮廷音楽ないし大曲が日本に伝来して、日本雅楽の構成や楽器の編成に大きな影響を与え、日本雅楽に吸収された唐代宮廷音楽の一部が変遷を遂げながらも、現在に受け継がれていることはよく知られている。日本音楽史ないし音楽文化史研究において、楽譜の解読による楽曲の復元、歴史資料や文学資料による時代背景や演奏の場の分析は必要不可欠な作業であり、さまざまな研究がなされてきた[2]。中国には大曲をはじめとする唐代宮廷音楽が現存しない状況の中、こうした日本雅楽史研究は、唐代宮廷音楽の実態を推測する重要な手掛かりを与えるものでもある。さらに近年、磯水絵は日本の説話集と楽書の音楽説話に注目し、説話・音楽伝承から音楽場面を解明するという、楽曲研究とはまた別の視点から日本音楽史に迫る顕著な成果を出している[3]。

本章は、以上に述べたような、中国古代音楽史に対しても大きな意義を持つ日本雅楽研究が挙げてきた成果とその意義をふまえ、説話・音楽伝承から音楽場面を解明するという磯水絵の方法に触発されつつ、中国音楽説話をめぐる文献・史資料の考察をあらたに加え、これらを日本の音楽説話と対照することにより、当時の中国音楽説話の日本的受容について考察してみたい。具体的には、唐代大曲の「春鶯囀」が日本に伝来した後の、その成立にまつわる音楽説話をめぐって、中世の楽書『教訓抄』の記述を中心に日中両国の伝承を比較する〔4〕。

第一節　大曲分類の学説検討

大曲という言葉は、王国維（一八七七～一九二七）が「唐宋大曲考」の中で指摘したように、蔡邕（一三三～一九二）の『女訓』の「琴曲、小曲五終則止、大曲三終則止」に由来すると見るのがほぼ定説となっている〔5〕。唐代の官制と法制を記した『唐六典』巻十四には「太楽署教楽 雅楽大曲、三十日成。小曲、二十日」と書かれ、雅楽の大曲の教習には三〇日間、小曲の教習には二〇日間かかるとしており、教習にかかる時間から推測される曲の長さで大曲と小曲を区分したことが分かる。また、大曲の内容について、『楽府詩集』巻四十三の「大曲」の項目では、現在散逸した陳の釈智匠（生没年不詳）の『古今楽録』の記述を引用しており、「黄老弾」という大曲は歌を持たない[6]ことがわざわざ記されている。逆に言えば、大曲とは基本的に歌を伴うものであり、唐代の大曲も前代の大曲を受け継いで、歌・楽・舞が融合して連続的に演じられる芸術形式であったと考えられる[7]。

唐代大曲の分類について、しばしば引用される王昆吾の研究は、大曲には宮廷大曲と教坊大曲（民間大曲も含む）が含まれ、教坊大曲はその起源によって清楽大曲、西域大曲、辺地大曲と新俗楽大曲の四種類に分けられると指摘している[8]。しかし、ここでいう宮廷大曲とは十部伎と立坐部伎とその他の饗宴に用いられる大曲を指しており、祭祀儀礼に用いられる大曲は含まれていない。また、開元二年（七一四）に教坊が設立される前には太常寺が音楽を掌っていたことや、その後も教坊のほかにも音楽の担い手としての組織があることなどをふまえると、教坊大曲を以て俗楽や饗宴楽の総称とすることも含めて、王昆吾の指摘には再考すべき点があると思われる。この点について柏互玖の研究は、音楽を礼楽と俗楽に分類する視点に基づき、礼制を考慮し、五礼[9]が伴うか否かを基準に、唐代大曲を礼楽大曲と俗楽大曲に分類して、王昆吾の説を補っている[10]。

ところで、唐代の宮廷音楽については、礼制との結びつきによるのではなく、娯楽性の有無を基準に分類する手法もある。それによると、祭祀に用いる「雅楽」と饗宴に用いる「宴楽」（音の相通により「燕楽」と表記、以下「燕楽」と記す）に分類され[11]、後者（そのうちの燕楽）は日本雅楽に大きな影響を与えたとされている[12]。日本における伝承を取り上げる本章では、筆者は唐代の宮廷音楽を雅楽と燕楽に分類し、饗宴に用いられた散楽も広義の燕楽に含める立場に立つことにする。したがって、唐代宮廷の大曲を雅楽大曲と燕楽大曲に分類する。雅楽大曲は祭祀儀礼に、燕楽大曲は饗宴に用いられる大曲である。雅楽大曲の曲目や演奏の状況については、『唐会要』巻三十三の雅楽下、『旧唐書』音楽志、『新唐書』礼楽志などの記述を通して知ることができるので、本章ではその紹介と分析を省き、以下では日本に受容された燕楽大曲を中心に論じることにする。

唐代の燕楽大曲の曲目は、『旧唐書』と『新唐書』、『教坊記』、『唐会要』、『楽府雑録』、『明皇雑録』、唐詩などに記されている。そのうち、唐の崔令欽（生没年不詳）が著した楽書『教坊記』所載の曲目はもっとも多く、四六曲にのぼる。これらの書物の記述をもとに、唐代の大曲の曲目を以下の表3にまとめる。

表3　唐代文献に現れる大曲の曲目

典拠	曲目
『旧唐書』『新唐書』	（立部）安楽、太平楽、破陣楽〔13〕、慶善楽〔14〕、大定楽、上元楽、聖寿楽、光寿楽 （坐部）讌楽〔15〕、長寿楽、天授楽、鳥歌万歳楽、龍池楽、小破陣楽 宝応長寧楽、太平太一楽、定難楽、中和楽、継天誕聖楽、孫武順聖楽、雲韶法曲、万斯年曲、播皇献曲、南朝奉聖楽、驃国楽

『教坊記』[16]（「大曲」という項目のもとに記された曲目）	踏金蓮、緑腰、涼州、薄媚、賀聖楽、伊州、甘州、泛龍舟、採桑、千秋楽、霓裳、玉樹後庭花、伴侶、雨霖鈴、柘枝、胡僧破、平翻、相馳逼、呂太后、突厥三台、大宝、一斗塩、羊頭神、大姉、舞大姉、急月記、断弓弦、碧霄吟、穿心蛮、羅歩底、回波楽、千春楽、亀茲楽、酔渾脱、映山鶏、昊破、四会子、安公子、舞春風、迎春風、看江波、寒雁子、又中春、玩中秋、迎仙客、同心結
その他の政書、史料筆記、唐詩	想夫憐、蘇莫遮、蘇合香、達摩支、聖明楽、穆護、渭州、陸州、氐州、輪台、三台塩、剣器、春鶯囀、団乱旋、蘭陵王、黄獐、抛球楽、傾杯楽、夜半楽、借席、赤白桃李花、大和、闘百草、阿曹婆、何満子、水調、放鷹楽、感皇恩、

これらの大曲を含む唐代の宮廷燕楽は、遣唐使などによって日本に伝わり、宮廷音楽の雅楽に取り入れられた。その後、九世紀半ばの楽制改革によって、中国大陸より伝来した楽舞は左方唐楽[17]に分けられ、朝鮮半島や渤海より伝来した楽舞（右方高麗楽[18]）と対になって、さまざまな場において演じられ、その唐韓楽舞は変転を経つつも今日の日本雅楽の重要な構成部分をなしている[19]。

それでは、唐代の大曲は日本の宮廷社会において、どのように伝承、受容されたのか。次節では表3に挙げた曲目を手掛かりに、それを見ていこう。

第二節　唐代大曲の日本における受容

楽制改革によって、唐代から伝わった楽舞や、中国大陸経由で伝来した林邑楽や天竺楽、またそれらを真似して日本で作られた楽舞は左方唐楽に分類されたが、楽制改革以前も、そのうちの唐代より伝来した楽舞は「唐楽」と呼ばれていた。

日本の正史に見られる唐楽の演奏は、『続日本紀』大宝二年（七〇二）春正月癸未の条に初めて現れる。これによると、正月十五日に西閣で開かれた饗宴に「五帝太平楽」が演奏された[20]とある。この「五帝太平楽」が表3で示した「太平楽」と関連するかどうかは明らかでないが、唐代音楽が日本の宮廷饗宴楽に用いられたことを垣間見ることができよう。その後、唐楽と三韓楽などを含む東洋的楽舞の受容が進み、天平年間にその頂点を迎える[21]。天平勝宝四年（七五二）四月に、奈良朝最大の国事であった東大寺大仏開眼供養会が行われ、さまざまな楽舞が奏せられた中で、唐楽としての唐古楽・唐散楽・唐中楽も演じられたことは『東大寺要録』の記述によって知られる[22]。

唐楽などの東洋的楽舞の伝承と教習の役割を果たしたのは雅楽寮であるが、天平三年（七三一）に定められた雅楽寮の雑楽生の数では、大唐楽三九人、百済楽二六人、高麗楽八人、新羅楽四人、度羅楽六二人などと『続日本紀』に書かれており〔23〕、唐楽師が大きな比重を占めたことが分かる。その後、雅楽寮の教習機構としての役割の整理が進められ、大同四年（八〇九）三月二一日に公布された「定雅楽寮雑楽師事」の官符では、唐楽師一二人、高麗楽師四人、百済楽師四人、新羅楽師二人、度羅楽師二人などと書かれており〔24〕、それぞれの楽師の数が減ったものの、唐楽師は依然として重要な位置づけであった。

これらの点から、唐楽と唐楽師は日本雅楽の一環としてまたその担い手として、日本宮廷において、重要な役割を果たしていたことがうかがえる。しかしながら、日本の正史には唐楽に関する演奏の記録は散見されるものの、紀伝体で編纂された中国の正史と異なり、音楽を以て一章をなすことがなく、唐楽の曲目などがまとめられていない。そうした中で、唐楽の曲目を知るには、一〇世紀成立の楽譜『新撰楽譜』と辞書『倭名類聚抄』、一二世紀成立の楽譜『三五要録』『仁智要録』は大きな手がかりとなっている。特に、平成一四年には『新撰楽譜』の新たな史料（横笛三）が発見された。ここには従来の史料より曲数も極めて多く記載されており、大曲の枠組に関する認識も改められるであろう〔25〕。紙幅の都合により、これらの書物に記載されたすべての曲目をあげることはできないが、大曲と明記された曲目を以下の表4にまとめた。

表4　日本の諸書に明記された大曲の曲目〔26〕

書名	大曲と明記した曲目
『新撰楽譜』	火鳳、直火鳳、連珠火鳳、緑腰、楽絹娘、移都児、双待、哥舞梁州、梁州、領州、下州、胡渭洲、翠鳥、壱越婆羅明、採蓮、古詠詩、厥磨賦、蘇羅蜜、天寿楽、皇帝破陣楽、団乱旋、春鶯囀
『三五要録』	皇帝破陣楽、団乱旋、春鶯囀、蘇合香
『仁智要録』	皇帝破陣楽、団乱旋、春鶯囀、蘇合香
『龍鳴抄』	皇帝破陣楽、団乱旋、春鶯囀、蘇合香
『倭名類聚抄』	皇帝破陣楽、団乱旋、春鶯囀、蘇合香

（二重傍線：表3と表記が一致する曲目　波線：表3の曲目と音通すると曲目　点線：表3の表記と一部一致する曲目）

表4の内容を前掲した表3と比較分析すると、以下の三点（A）が指摘できる。

①大曲の数が極めて少なくなっている。『新撰楽譜』の新出史料の発見により、従来史料にみられなかった曲目も含まれ、大曲の曲数も極めて多くみられることは前述の通りであるが、表3の百曲にのぼる大曲が日本に伝来後、その『新撰楽譜』でさえ、大曲として伝承されていたのはわずか

二二曲でしかなかった。その後の『三五要録』などに収録された大曲の曲数はさらに激減していった。

②表3と表4では、表記が全く一致する曲目は「春鶯囀」「団乱旋」と「蘇合香」であり、音通の曲目は表3の「緑腰」と表4の「禄腰」である。表3の「涼州」と表4の「梁州」「領州」について、涼州と梁州はともに中国の（古）地名にみられ、三者の曲目は音通しており、いかなる伝承関係にあるかは定かでないが、関連があることは想像に難くない。

③表3と表4の表記が一部重なる曲目は表3の「破陣楽」と表4「皇帝破陣楽」である。敵陣を破った凱旋の軍曲であろう破陣楽は、中国の文献においては「破陣楽」という名称がみられるが、日本の雅楽においては「皇帝破陣楽」「秦王破陣楽」「散手破陣楽」の三つの曲目があり、このうち大曲として伝承されたのは「皇帝破陣楽」である。この三つの破陣楽について、林謙三は『正倉院楽器の研究』において、天平年間には「破陣楽」と「皇帝破陣楽」という名称しか見られないことから、後者は当初伝わった「破陣楽」と区別するために日本人が皇帝の名を付けた曲目であり、そのあとに「秦王破陣楽」と「散手破陣楽」がもたらされたと指摘している[27]。なお、中国に伝承されていた「破陣楽」の変遷と、のちに日本に伝わった「秦王破陣楽」との関係については別稿を期したい。ここでは、曲目は完全に一致しない場合でも、このような互いの関連が連想されるものがあることを指摘するにとどめる。表3の「渭洲」と表4の「胡渭洲」もこの意味では考察する余地がある。

表4だけに注目すると、さらに以下の二点（B）を読み取ることができる。

①日本の大曲伝承においては、「皇帝破陣楽」「団乱旋」「春鶯囀」の三曲は終始伝承されていたとみられる。

②『新撰楽譜』以降、なんらかの原因によって、上記の三つの大曲に「蘇合香」が加えられ、大曲として定着していった。

この二点をめぐって、『新撰楽譜』に伝承されたほかの大曲とはいかなるものか、「蘇合香」が大曲として伝承されるようになった契機とはなにかなどの新たな疑問が生じるが、本章ではこれらの問題を今後の課題とし、（A）と（B）を合わせて、まず唐代の大曲が日本に受容されたのち大曲として伝えられたのが「皇帝破陣楽」「団乱旋」「春鶯囀」「蘇合香」の四曲であることを重視する。

この四つの大曲がのちに四箇大曲と呼ばれ、貞保親王（八七〇～九二四）撰の『十操記』の記述から、その演奏の仕方を垣間見ることができる。『十操記』には、「大曲者、毎詞強押、毎詞当小拍子無小息、所謂以四箇大曲、努々不可吹只拍子」[28]という大曲の拍子による笛の吹き方についての記述が見られる。ここで言う「四箇大曲」がどの曲かは明記されていないが、『三五要録』などの記述を考えれば、『十操記』の「四箇大曲」は『新撰楽譜』以降に定着した「皇帝破陣楽」「団乱旋」「春鶯囀」「蘇合香」の四曲である可能性も否めない。

この四箇大曲の由来や伝承について、上記楽書よりさらに詳しく記載した楽書は中世の狛近真（一一七七～一二四二）が著した『教訓抄』である。次節では『教訓抄』の記述と唐代の文献とつきあわせながら、「四箇大曲」の一つである「春鶯囀」に焦点を当て、その伝承と受容について見てみよう。

第三節 「春鶯囀」の中国における伝承

「春鶯囀」という曲の由来については、管見の限りでは以下の『教坊記』の記述が最初である。

春鶯囀、高宗暁声律、晨坐聞鶯声、命楽工白明達写之、遂有此曲〔29〕

この内容によると、「春鶯囀」は唐高宗が朝に鶯の美しい鳴き声に感動し、楽人の白明達にその情景をかたどって作らせた曲である。曲の成立年代が唐高宗時期（六五〇～六八三）と伝えられていたことも分かる。

北宋の郭茂倩（一〇四一～一〇九九）撰の『楽府詩集』巻八十にも、上記の『教坊記』の内容を引用して以下のように記されている。

春鶯囀、高宗暁声律、聞風葉鳥声、皆蹈以応節、嘗晨坐、聞鶯声、命楽工白明達写之為春鶯囀、後亦為舞曲[30]

唐高宗は音律を熟知しており、風に揺られる葉の音や鳥の鳴き声を聞くたび、その節に合わせて踊る。かつて朝に鶯の鳴き声を聞き、楽人の白明達に命じてその鳴き声をかたどって曲を作らせた。出来上がった曲は「春鶯囀」であり、のちに舞曲ともなった、というのが大意である。

白明達という楽人について、『隋書』音楽志[31]には、亀茲楽の項目で隋煬帝が白明達に『万歳楽』『泛龍舟』『投壺楽』など十数曲を新たに作らせたことが記されている。そのほか、『旧唐書』と『新唐書』の列伝の「呂才伝」[32]には、白明達が音律に精通しており、唐太宗の時に呂才（六〇六〜六六五）、祖孝孫（生没年不詳）などと律呂[33]を考訂したことも記されている。このように、白明達が隋末期から初唐まで活躍していた優れた楽人であったことは、「春鶯囀」の作者と伝承されるもっとも考えやすい背景といえよう。

「春鶯囀」の作者については、もうひとつ説がある。同じく『楽府詩集』巻八十には、現在ではすでに散逸した楽書『楽苑』の「春鶯囀」に関する記述も転写されている。

楽苑曰大春鶯囀、唐虞世南及蔡亮作、又有小春鶯囀、並商調曲也［34］

この記述によれば、「春鶯囀」には大と小の二つがあり、「大春鶯囀」は唐代の虞世南と蔡亮によって作られ、「小春鶯囀」は商調の曲であるという。

曲の大小について、任半塘（一八九七〜一九九一）がその大小とは大曲と雑曲である可能性を述べている［35］。『楽苑』であえて小春鶯囀が商調の曲であることを説明していることから、これは曲の構造からみた大曲・小曲のうちの小曲を意味すると推測される。

『教坊記』と『楽府詩集』の記述とは異なり、『楽苑』では「春鶯囀」の作者を虞世南と蔡亮としている。虞世南（五五八〜六三八）は初唐四大家の一人と言われ、『旧唐書』と『新唐書』などの正史にはその生涯が記されるほど有名な書家で政治家である。蔡亮については正史には見られず、唐代の墓誌によって知られる蔡亮という人物［36］は、後漢の書道家で文学者の蔡邕（一三三〜一九二）の子孫で才気に溢れた人物であり、永淳年間（六八二〜六八三）に六一歳で亡くなったとみられる。虞世南が亡くなった六三八年には墓誌に書かれた蔡亮はまだ一六歳前後であり、両者の接点についてはいささか疑問もある。両者が共同で作曲、あるいは後者が前者の作曲を編集した可能性も否めないものの、作者が白明達であるという『教坊記』と『楽府詩集』の説の方がより有力であると考える。

第四節　「春鶯囀」の日本における受容をめぐる説話

さて、このように二つの由来が説かれる「春鶯囀」は、日本にどのように伝えられていたのか。『教訓抄』巻二は「嫡家相伝舞曲物語 大曲等」についての内容であり、「案摩」「皇帝破陣楽」「団乱旋」「春鶯囀」「蘇合香」「万秋楽」の六曲の由来や演奏などに関する口伝を記している。この六曲のうち、「案摩」と「万秋楽」は「準大曲」、つまり大曲に準ずる曲であるが、「皇帝破陣楽」「団乱旋」「春鶯囀」「蘇合香」の四曲は「大曲」と分類されている。これは前節で見たように、『三五要録』以降の記述と一致しており、このような認識が中世に受け継がれていたことを意味する。

『教訓抄』では、「春鶯囀」の由来を次のように述べている。

(イ)

此曲モモロコシ舞ナリ、作者未勘出処、或書云合管青云人造之、大国ノ法ニテ、春宮立給日ハ、春宮殿テン大楽管ニ、此曲ヲ奏《ソウスレ》ハ、必鴬ト云鳥来アツマリテ、百囀ヲス大意は以下の通りである。

「春鶯囀」も唐の舞である。作者は明らかでないが、ある書物には「合管青」という人が造ったと書かれている。大国の法によると、春宮（皇太子）が立ち給う日は、春宮殿大楽官にこの曲を奏すれば、必ず鶯という鳥が集まって来て、「ももさえずり」をする。

「合管青」とはどのような人物であったか、「合管青」を「春鶯囀」の作者とする書物とはいかなるものであるのか、皇太子を立てる日に鶯が集まってくる典故は何であるのか、これらを考証する有力な手がかりはまだ見つかっておらず、その状況は明らかでない。しかしながら、数多くの鳥が集まってくる情景は「百鳥朝鳳」という熟語を連想させる。「百鳥朝鳳」は多くの鳥が鳥類の王である鳳凰に謁見することを意味し、皇帝が盛名で天下を治めたことや徳が高く衆望を担うことの比喩である。『太平御覧』（九八三年成立）所引の『唐書』[37]にある、鳳凰に「群鳥数百随之」という記述がその由来であると言われている。皇太子を立てる日に、皇太子の仁徳を映させる様子として、数多くの鳥が集まってくるのは中国の故事を踏まえた描写であるといえよう。めでたい国家的大行事に相応しい鶯の鳴き声が美しいことは想像に難くないが、この点においては、『教坊記』と『楽府詩集』に書かれた唐高宗が白明達に「春鶯囀」を作らせたきっかけとして書かれた内容と一致する。

ただし、『教訓抄』に説かれた由来は唐代の書物と比べ、奇譚の色合いが見られる。上記の内容に続いて、『教訓抄』では、以下のように日本に伝来後の「春鶯囀」にまつわる話を記している。

(ロ)

コノ朝ニモ、サルタメシ侍ル、興福寺僧、円憲得業ト申ケル人ハ、僧ノシ《ママ》ナリケレトモ、管弦ノ道ニ無双ナリケレハ、天下ニユルサレタリケリ、春朝ニハ、住房浄明院ノ、マカキノ竹ニ向テ、此曲ヲ吹給ケレハ、ウクヒス来リアツマリテ、笛ノ音トヲナシキウニ、囀《サエスリ》侍ケル、マシテカラ国ノ事ハ、サコソハ侍ケメト、ヲモシロク侍リ

本朝にもこのような例がある。興福寺の僧侶円憲得業という人は、僧侶の身分であったが、管弦の道に並ぶ者がいないほど優れていて、世の中に認められていた。春の朝には、住房の竹に向かって、この曲を吹いたら、鶯が集まってきて、笛の音と同じく宮に囀った。まして唐の国のことは、さぞかしあるだろうと、面白く思った。

というのが大意である。

これは「春鶯囀」を奏すれば鶯が集まってくるという奇譚が日本にも現れたという内容である。

ここで興味深いのは、(イ)の内容と同様に、鶯の出現と曲の演奏の前後関係が中国の書物の内容とは

逆になっていることである。『教坊記』と『楽府詩集』では鶯の鳴き声が美しいため、唐高宗の命によりそれをかたどった結果として「春鶯囀」が作られたとされている。これに対して『教訓抄』では、「春鶯囀」を奏した結果として鶯が集まってくるとする。このように『教訓抄』が中国の奇譚を巧みに取り入れながら、独自の語り直しを加えて楽曲の由来を説くところは、この書物の特徴の一つと考える。

奇譚の由来に続いて、『教訓抄』では他の書物に見られる「春鶯囀」の由来を以下のように引用している。

(ハ)

古記曰、黄鐘商時号一越調春鶯囀、出会要

(ニ)

此曲古説云、名天長宝寿楽者、此楽有颯沓（中略）

終一拍子序ニ舞事、承和御時尾張浜主舞了、以其相伝光季之家習、他家ニハ不知此説

(ハ)には、黄鐘商〔調〕のこの曲を当時「一越調春鶯囀」と呼ぶことが『唐会要』に見られると記されている。そこで『唐会要』を見ると、「天宝十三載七月十日太楽署供奉曲名及改諸楽名」の条

には、

黄鐘商時号越調（中略）老寿改為天長宝寿春鶯囀吹[38]

と書かれており、天宝一三年（七五四）に当時越調と呼ばれた黄鐘商の曲のなか、「老寿」という曲が「天長宝寿」に改名されたことが分かる。「天長宝寿」の後ろに続く曲目は「春鶯囀吹」であり、「天長宝寿」とともに供奉曲として挙げられている。この二曲の起源に相互関係があるかどうかは定かでないが、「天長宝寿」と「春鶯囀吹」が前後して記されることは興味深い。なぜならば、次に述べるように、この二つの名前はともに日本に伝承された「春鶯囀」の名とされていたからである。

(ニ)の大意は、以下の通りである。この曲（「春鶯囀」）は古い説では「天長宝寿楽」と呼ばれ、颯踏[39]がある曲である。承和年間に、尾張浜主がその急の楽章の最後の一拍子を序の様式で舞い、この舞い方を以て狛嫡流の光季の家に伝習し、他家はこの説を知らない。

「春鶯囀吹」と「春鶯囀」の関係については明らかではないが、中国の黄鐘商調の日本称が一越調であることは定説であり[40]、「吹」という字がつくことから、「春鶯囀吹」は管楽器による演奏を意味するのではないかと考えられる。『唐会要』の「春鶯囀吹」が『教訓抄』では「春鶯囀」と同一視される一説があるということが、(ハ)の内容によって知られる。それと同時に、(ニ)で示されたように、承和年間に尾張浜主が特殊な舞い方で舞った「天長宝寿楽」は「春鶯囀」の日本での伝承のもととする説がある。尾張浜主が舞った舞について、『教訓抄』ではさらに以下のように詳しく述べている。

(ホ)

仁明天皇御宇、承和十二年正月八日、龍尾道ニシテ、尾張浜主、生年百十五歳時、長寿楽ヲ舞タリケルオ《ママ》、メテタキタメシニ、申伝テ侍レ

二首ノ和歌詠ス（中略）

天皇頗ル御感アリテ、同九日又清涼殿ニメシテ、舞セラレケルニ、又一首和歌奏

ハルコトニモヽイロトリノサヘツリテコトシハチヨトマイソカナツル

弥御感アリテ、天長宝寿楽ト始テ、名付之、イマノ春鶯囀コレナリ。

仁明天皇の御代、承和一二年（八四五）正月八日、竜尾道に当時一一五歳の尾張浜主が「長寿楽」を舞ったのが非常に優れているため、ここに伝えておく。二首の和歌を詠じた。天皇はすこぶる感心し、同九日にまた清涼殿に尾張浜主を呼んで舞わせた。また一首の和歌を詠じた：「春ごとに百彩りの囀りて　今年八千代と舞ぞ奏ずる」。天皇は感心し、「天長宝寿楽」と初めて名付けた。今の「春鶯囀」である。というのが大意である。

㈡と㈭の成立の前後関係は不明であるが、両者とも尾張浜主が舞った舞が仁明天皇に「天長宝寿楽」と名づけられ、「春鶯囀」となったということの言い伝えである。尾張浜主とは舞の名手で作者としても知られる人物であり、承和一二年正月八日に竜尾道に「和風長寿楽」を舞ったことは『続日本後紀』巻十五に見られる[41]。しかしながら、尾張浜主が天皇に再び呼ばれたのは十日で、その時に舞ったのは「長寿楽」であるが、献じた和歌は「翁とてわびやは居らん草も木も英ゆる時に出でて舞ひてむ」という、囀りとは関連しない内容であった[42]。この「翁とて」の和歌は『教訓抄』では尾張浜主が正月八日に献じた二首の和歌の一つとして記されていることから、『教訓抄』の制作は正史の記述を把握していた上で行われたと思われる。『教訓抄』には、口伝として記される意図的に創作された部分がしばしば見られることをふまえると、㈭に記された、正月九日に舞った舞を天皇が「天長宝寿楽」と名付けたという内容も、正史の記述を把握した上での意図的な創作であったと推測することが可能である。

以上のように、『教訓抄』における「春鶯囀」の由来と伝承についての記述は二つの道筋が見られる。その一つは中国に関連する伝承、もう一つは日本における創作にまつわる伝承である。中国に関連する伝承は奇譚を中心に説かれている。曲目の解説の点においては、㈧に関連する『唐会要』の史実を踏まえようとする姿勢が見られる。一方、日本における伝承の記述は奇譚のほか、主に曲の創作に関わるものであり、特に尾張浜主が「長寿楽」を献じた史実を取り入れることにより、本朝の制作または改編といった立場から説かれる印象が強い。しかしながら、この二つの道筋が各々個別に語られることはなく、『唐会要』に現れる「天長宝寿」という曲目をキーワードに、中国の「春鶯囀」と日本舞楽の名手尾張浜主とが巧みに結び付けられたものと見ることができるだろう。

以上、唐代大曲の「春鶯囀」の起源譚と伝承を音楽説話の視点から見てきた。

唐代大曲のうち、大曲として日本に伝わったのは、『新撰楽譜』にみられる曲目がもっとも多く二二曲であったが、その後の『三五要録』などの楽書と『倭名類聚抄』においては「皇帝破陣楽」「団乱旋」「春鶯囀」「蘇合香」の四曲として定着してきた。「春鶯囀」について、中国の楽書『教坊記』では、「春鶯囀」が鶯の囀りをかたどったものという成立経緯を伝えている。それに対し、中世の楽書『教訓抄』の内容には、中国の奇譚と伝えられる曲の演奏にまつわる部分と、日本の楽人による曲の創作、または改編の部分が含まれている。そして『教訓抄』においてこの二つの部分は単線的には語られておらず、中国と日本の歴史書に見られる記述を踏まえつつ、奇譚を積極的に取り入れながら、独自の創作も加えて、中国由来の曲の日本的展開を意図的に説いた内容であると考えられるのである。

注

1　岸辺成雄『唐代音楽の歴史的研究 続巻』（和泉書院、二〇〇五年）二八三頁。

2　芸能史研究会編『日本芸能史』のほか、林謙三『雅楽――古楽譜の解読――』（音楽之友社、一九六九年）、同『正倉院楽器の研究』（風間書房、一九八〇年）、福島和夫『中世音楽史論叢』（和泉書院、二〇〇一年）、同『日本音楽史叢』（和泉書院、二〇〇七年）、荻美津夫『古代中世音楽史の研究』（吉川弘文館、二〇〇七年）、などを参照されたい。

3　磯水絵『説話と音楽伝承』（和泉書院、二〇〇〇年）、『院政期音楽説話の研究』（和泉書院、二〇〇三年）、『「源氏物語」時代の音楽研究――中世の楽書から――』（笠間書院、二〇〇八年）などを参照されたい。

4　本章は拙稿「唐代大曲「春鶯囀」の音楽説話の伝承と受容――『教訓抄』の記述を中心に――」（明海大学応用言語学研究科紀要『応用言語学研究』第一八号、二〇一六年三月）を修正、加筆したものである。

5　王国維「唐宋大曲考」『王国維戲曲論文集』（中国戲曲出版社、一九八四年）一一三頁。

6　郭茂倩『楽府詩集』第二巻（文学古籍刊行社、一九五五年）一一七七頁。

7　楊蔭瀏『中国古代音楽史稿』（人民音楽出版社、一九八一年）二三一頁。

8　王昆吾『隋唐五代燕楽雑言歌辞研究』（中華書局、一九九六年）一四一頁。

9　吉礼（祭祀）、凶礼（喪葬）、軍礼（軍旅）、賓礼（外交）と嘉礼（冠婚）の五つの礼。

10　柏互玖「唐代礼楽大曲研究」『中国音楽学』二〇一三年第二期、「唐俗楽大曲的伝承与伝播」『中国音楽学』二〇一四年第四期。

11　楊蔭瀏『中国古代音楽史稿』（人民音楽出版社、一九八一年）。

12　岸辺成雄『唐代音楽の歴史的研究 続巻』（和泉書院、二〇〇五年）。渡辺信一郎『中国古代の楽制と国家――日本雅楽の源流――』（文理閣、二〇一三年）。

13　麟徳二年（六六五）、詔により改編された「破陣楽」と「慶善楽」は郊祀にも用いるようになったと『通典』巻一四七に記されているが、この二曲の燕楽としての機能は失われていなかったと見られる。「破陣楽」に合わせた「七徳舞」と「慶善楽」に合わせた「九功舞」の雅楽としての性質については、別稿にて述べたい。

14　前注13を参照。

15　唐代の多部伎と立坐部伎のうちの一つの名称は「燕楽」であるが、饗宴楽の総称としての「燕楽」と区別するため、本稿においては「讌楽」と表記する。

16　崔令欽『教坊記』（叢書集成初編、中華書局、一九八五年）五頁。

17　唐代の中国から伝来した楽舞、林邑楽のほか、それらを真似て日本で作られた楽舞も含まれる。

18　朝鮮半島や渤海から伝来した楽舞のほか、それらを真似て日本で作られた楽舞も含まれる。

19　楽制改革の左右両部制の時期については林屋辰三郎『中世芸能史の研究』（岩波書店、一九六〇年）、楽器編成の縮小化については荻美津夫『日本古代音楽史論』（吉川弘文館、一九七七年）、楽理的要因の検討については遠藤徹『平安朝の雅楽――古楽譜による唐楽曲の楽理的研究――』（東京堂出版、二〇〇五年）を参照されたい。

20　黒板勝美編『続日本紀』（新訂増補国史大系第二巻、吉川弘文館、一九五二年）一三頁。

21　芸能史研究会編『日本芸能史 第一巻』（法政大学、一九八一年）二四六頁。

22　筒井英俊編『東大寺要録』（全国書房、一九四四年）四九頁。

23　黒板勝美編『続日本紀』（新訂増補国史大系第二巻、吉川弘文館、二〇〇〇年）秋七月乙亥の条、一二六頁。

24　黒板勝美編『類聚三代格』（新訂増補国史大系第二五巻、吉川弘文館、二〇〇〇年）一五九～一六〇頁。

25　この新出史料の内容および考察に関しては、遠藤徹「宮内庁書陵部新出史料『新撰楽譜 横笛三』をめぐる諸問題――付影印」（『東京学芸大学紀要』五五集、二〇〇四年）、同「『新撰楽譜』の楽目録について――平成十四年の新出史料を中心に――」（『越境する雅楽文化』、書肆フローラ、二〇〇九年）に詳しい。

26　ここに使用した『新撰楽譜』は、遠藤氏が紹介した「横笛三」の影印による（前掲「宮内庁書陵部新出史料『新撰楽譜 横笛三』を参照）。『三五要録』『仁智要録』のテキストは宮内庁書陵部図書寮文庫所蔵の写本による。『龍鳴抄』は『続群書類従』所収のテキスト、『倭名類聚抄』は国会図書館蔵那波道円撰写本（一六一七年）による。

27　林謙三『正倉院楽器の研究』（風間書房、一九六四年）二三〇頁。

28　塙保己一編『群書類従』巻三四一所収『五重十操記』（続群書類聚完成会、一九五九年）二四頁。

29　崔令欽『教坊記』（叢書集成初編、中華書局、一九八五年）六頁。

30　郭茂倩『楽府詩集』第四巻（文学古籍刊行社、一九五五年）一八五三〜一八五四頁。

31　『隋書』巻十五志第十音楽志下。

32　『旧唐書』巻七十九列伝第二十九「呂才伝」、『新唐書』巻一百七列伝第三十二「呂才伝」。

33　律と呂を併記した音律の総称。

34　郭茂倩『楽府詩集』第四巻（文学古籍刊行社、一九五五年）一八五四頁。

35　「大小之分、或即指大曲与雑曲」、任半塘『教坊記箋定』（中華書局、一九六二年）一八二頁。

36　孫蘭鳳編『隋唐五代墓誌匯編』北京大学巻第一冊（天津古籍出版社、一九九二年）No.大足003参照。

37　この記述は後晋の劉昫撰『旧唐書』には見られない。なお、『太平御覧』が引く「唐書」は『旧唐書』に限らないという考証は本稿では省く。

38　王溥撰『唐会要』巻三十三（中華書局、一九五五年）六一七頁。

39　同書に「豊原時元曰、颯踏ハ謂序也 中序云颯踏ハ序吹別名ナリ」という記述が見られるが、現行雅楽においては、「春鶯囀」は遊声、序、颯踏、入破、鳥声、急声によって構成され、颯踏はその第三楽章となる（東儀信太郎『雅楽事典』一六四頁、遠藤徹ほか『雅楽入門事典』二一〇頁）。

40　林謙三『雅楽——古楽譜の解説——』（音楽之友社、一九六九年）一五三頁。

41　黒板勝美編『続日本後紀』（新訂増補国史大系、吉川弘文館、一九五三年）一七四頁。

42　前掲『続日本後紀』一七四頁。

第六章　「蘇合香」にまつわる伝承

本章では、引き続き中国を起源とする音楽説話に描かれた伝承と日本の音楽説話に描かれた受容のあり方を相互に参照して再認識する作業の一環として、西域由来の香料をめぐる楽舞「蘇合香」を検討の対象とする［1］。

漢代に蘇合香という西域由来の香料が中国に入って、人々の間で好まれた。この香料の原料については諸説がみられるが、非常に香ばしいものであったことは確かである。しかし、古代中国で蘇合香が広まった背景には、この嗅覚に与える刺激のほか、道教思想にもとづいて本草文献では蘇合香を霊薬として捉えていたことや、仏教の場においても蘇合香を霊験あらたかな香料として捉えていたこと、などが挙げられる。

その上、唐代になると、「蘇合香」という楽舞が文献にみられるようになった。この楽舞「蘇合香」がいつどこで作られたかについては明らかでないが、祭祀曲として用いられたことは文献によって知られ、霊験あらたかな蘇合香との関連を示唆的に示している。

唐代楽舞を吸収した日本雅楽では、舞楽の一つとして「蘇合香」が今日まで伝承されている。中世の楽書『教訓抄』では雅楽曲の由来や演奏の仕方についての口伝を書き記しており、舞楽「蘇合香」の由来については中天竺に起源を求めた説話で語られている。その説話からは、蘇合香を霊験あらたかな香料と認識し、中国の文献を参照したと思われるにもかかわらず、日本独自の内容に改めて起源を語りなおしたことが示されているのである。

第一節　西域からきた香料

まず、蘇合香という言葉の初出とみられる「擬四愁詩」から見てみよう。「擬四愁詩」は中国の三国時代から西晋にかけて生きた傅玄（二一七～二七八）が、後漢の張衡（七八～一三九）の「四愁詩」になぞらえて作った四首からなる詩である。その内容は以下の通りである（傍線は筆者による、以下同）。

（其一）
我所思兮在瀛洲　願為双鵠戯中遊　牽牛織女期在秋　山高水深路無由
愍予不遘嬰殷愁　佳人貽我明月珠　何以要之比目魚　海広無舟悵劳劬
寄言飛龍天馬駒　風起雲披飛龍逝　驚波滔天馬不厲　何為多念心憂泄
（其二）
我所思兮在珠崖　願為比翼浮清池　剛柔合徳配二儀　形影一絶長別離
愍予不遘情如携　佳人貽我蘭蕙草　何以要之同心鳥　火熱水深憂盈抱
申以琬琰夜光宝　卞和既没玉不察　存若流光忽電滅　何為多念独蘊結

（其三）

我所思兮在昆山　願為鹿䴥窺虞淵　日月廻耀照景天　参辰曠隔会無縁

愍予不遘罹百艱　佳人貽我蘇合香　何以要之翠鴛鴦　懸渡弱水川無梁

申以錦衣文繍裳　三光騁邁景不留　鮮矣民生忽如浮　何為多念只自愁

（其四）

我所思兮在朔方　願為飛燕倶南翔　煥乎人道著三光　胡越殊心生異郷

愍予不遘罹百殃　佳人貽我羽葆纓　何以要之影与形　永増憂結繁華零

申以日月指明星　星辰有翳日月移　駑馬哀鳴漸不馳　何為多念徒自虧

「擬四愁詩」は詩人の四方を探しても佳人を求められない惆悵な心情を表している。四首とも「我所思兮在～」（我が思う所は～に在り）で始まり、第一首は「瀛洲」、第二首は「珠崖」、第三首は「昆山」、第四首は「朔方」となっており、それぞれは四方の「東」「南」「西」「北」をイメージしている。また、「佳人貽我」（佳人が送ってくる）品の、東の「明月珠」、南の「蘭蕙草」、北の「羽葆纓」とともに、西の「蘇合香」が挙げられ、おそらく、これらは当時ではそれぞれの地域からもたらされる品物としてよく知られていたと考えられよう。

中国の類書での蘇合香に関する記述は唐代の欧陽詢（五五七～六四一）が編纂した『芸文類聚』に見られ、同書の巻八十五には後漢の班固（三二～九二）が弟の班超（三二～一〇二）に宛てた書簡を収録している。

班固与弟超書曰、今賷白素三匹、欲以市月氏馬、蘇合香、闟登[2]

班固が弟に、いま贈った三匹の白素（生絹）で月氏馬、蘇合香と闟登を交換しよう、と伝えた内容である[3]。これによると、後漢の中期に蘇合香が馬や闟登（毛布）とともに中国に輸入されており、当時の中国の人々は西域からきた月氏の商人を通して、蘇合香を好んで交換していたことが分かる。

ところが、月氏の商人が行った市はあくまで蘇合香の流通の媒介であり、月氏が蘇合香の産地ではなかった。その産地は以下に挙げる『三国志』によって知られる。

『三国志』の「魏志」に、裴松之（三七二～四五一）が三国時代の『魏略』西戎伝を引用してこのように注釈している。

大秦国一号犂軒、在安息、條支西大海之西（中略）大秦多金、銀（中略）絳地金織帳、五色斗帳、一微木、二蘇合、狄提、迷迷、兜納、白附子、薫陸、鬱金、芸膠、薫草木十二種香。[4]

大秦国は犂軒とも言い、安息と條支の西の海の西側にある。大秦には金、銀、絳地金織帳、五色斗帳などが多く、微木・蘇合・狄提・迷迷・兜納・白附子・薫陸・鬱金・芸膠・薫草木などの十二種類の香料も多く取れる。

という内容である。

安息とは現在のイラン高原東北部に興った王国――パルティア（Parthia）――の漢訳名であり、條支とは現在のイラク国境内にある、ユーフラテス川とチグリス川の間の地方に興った古国名である。この両者よりさらに西にある大秦国はローマ帝国を指している。「香」という漢字で示したように、蘇合香は香料の一種であり、この記述によるとその産地は大秦国、つまりローマ帝国であった。蘇合香はその地域に取れるさまざまな物珍しいものの一つであったと捉えられていた。上記のさまざまな香料のうち、白附子、薫陸（乳香）や鬱金は現在も使われている漢方の生薬であり、それぞれ、独角蓮の塊茎、乳香樹（ボスウェリア属樹木）とウコンから取ったものである。

一方、蘇合は、白附子と鬱金のようなある特定な植物から精製したものとは異なり、いろいろな香料を混ぜ合わせたものとして、南北朝時代までに伝来していた。

司馬彪（?～三〇六）撰の『続漢書』には、蘇合香について、「大秦国、合諸香煎其汁、謂之蘇合」[5]と書かれている。大秦国ではもろもろの香料を合わせてその汁を煎じたものを蘇合と言う、という内容である。

これによれば、蘇合香は一つの植物から取れた香料ではなく、いろいろな香料を混ぜ合わせた

ものであった。この司馬彪の説を受け継ぎ、范曄（三九八～四四五）は『後漢書』巻八十八の「西域伝」に、

大秦国一名犁鞬、以在海西、亦云海西国。地方数千里（中略）土多金銀奇宝（中略）合会諸香、煎其汁以為蘇合。〔6〕

と書いており、やはり蘇合香はもろもろの香料を合わせたものであると捉えられていた。

ところが、時代が下ると、蘇合香は混ぜ合わせた香料と、「蘇合」というものから採れた純粋な香料、という二つの伝承が見られるようになったのである。

唐代の姚思廉（五五七～六三七）撰の『梁書』は二十四史の一つであり、その巻五十四「諸夷伝」の「海南諸国」の条にはこのように書かれている。

中天竺国、在大月氏東南数千里、地方三万里、一名身毒。（中略）其西与大秦、安息交市海中、多大秦珍物、珊瑚、琥珀、金碧珠璣、琅玕、鬱金、蘇合。①蘇合是合諸香煎之、非自然一物也。②又云大秦人採蘇合、先笮其汁以為香膏、乃売其滓与諸国賈人、是以展転来達中国、不大香也。〔7〕

大意は以下の通りである。

中天竺国は大月氏国の南東数千里のところにあり、地方三万里、もう一つの名前は身毒である。その西は大秦、安息と海で市を開き、中には大秦の珊瑚・琥珀・金碧珠璣・琅玕・鬱金・蘇合などの珍しい物が多い。①蘇合はもろもろの香を合わせて煎じたものであり、自然の一物ではない。②また、大秦の人はまず蘇合を採り、その汁を絞って香膏を作り、その滓を諸国の商人に売ったため、転々として中国に入ったものはあまり香らない、とも伝えている。

ここでは、蘇合が混ぜ合わせた香料であるとする①の記述に対し、②は蘇合が蘇合香の材料であることを意味しており、混ぜ合わせたものではないと読み取れる。唐代あたりから、このように蘇合香の原料について二つの説が生じるようになった。

『梁書』のこの内容のほかにも興味深いところがある。一つは、大秦産の蘇合香が中天竺を通して中国に入ったこと。もう一つは、蘇合香には香膏、つまり粉末ではない固形状のもの、香料の汁を絞った滓（おそらく粉末）でできたもの、の二種類がある。中国に入った蘇合香は後者であり、あまり香らないらしいということ。

中国と西域との貿易・文化交流において、中天竺が重要なポジションであったことを、この内容を通して垣間見ることができる。中天竺は五天竺の一つで、古代インドの中央の部分に位置する。霊鷲山や白馬寺など、中国で古くから親しまれる仏教聖地や寺院は、中天竺にゆかりが深いものが多い。また『十地経論』を訳した勒那摩提のように、中天竺出身の訳経僧が中国で活躍していたのであった。のちに述べるが、『翻訳名義集』によると、蘇合香の名前の音訳は「咄嚕瑟剣」であり[8]、密教の経典には何度も護摩を修する香料として蘇合香（咄嚕瑟剣または咄嚕瑟迦香）を挙げている。そう考えると、蘇合香が中天竺に入ったのは偶発的な出来事ではなく、そこに需要があったからこそ、この記述があると言えよう。もう一歩進めて言えば、これは蘇合香の香料以外の用途を示唆する内容でもあると考えられる。

この記述の最後には「不大香也」と、蘇合香があまり香らないらしいと書かれている。果たして、蘇合香は香っていたのか。

東晋の葛洪（二八三〜三四三）は『抱朴子』で、

> 人鼻無不楽香、故流黄、鬱金、芝蘭、蘇合、玄胆、素膠、江離、掲車、春蕙、秋蘭、価同瓊瑶。[9]

と述べている。

人の鼻は香ばしさを好まないものがない。それゆえに、流黄・鬱金・芝蘭・蘇合・玄胆・素膠・江離・掲車・春蕙・秋蘭の値段は瓊瑶（美しい玉）のように高い。

という内容である。

葛洪は道士で道教研究家であるとともに、錬丹家としても名が高い。蘇合香を含むこれらの香料が素晴らしい香りを持つからこそ、玉と比較するほどの高価なものであった。中国古代では本草学に基づく芳香療法を用いて、病気を治療する思想があったので、ここに挙げた香料は道教で養生や治療に使うものであった可能性が考えられる。

六五九年成立の『新修本草』木部上品巻第十二では、蘇合香について唐代の薬学者蘇敬[10]はこのように述べている。

今従西域及崑崙来、紫赤色、与紫真檀相似、堅実、極芳香、惟重如石、焼之灰白色好[11]

今は西域と崑崙より来ているもので、紫赤色で紫真檀と似ている。固くて非常に香しい匂いを放つ。ただ石のように重く、焼いた灰が白いものが良い。

という大意である。

蘇合香はやはり香っていた。しかも「極芳香」となるものであった。では『梁書』に「不大香也」と書かれた背景とは何だろうか。嗅覚による比較論以外、可能性として推測されるのは、当時、上質で香る蘇合香とそうでないものの両方が中国に入っており、おそらく、本草文献に収録された蘇合香や、神仙思想が根底となる道教の道士が用いた蘇合香は香を放つものであった。なぜならば、芳香療法からすると、香らない蘇合香は無意味なものに過ぎないからである。

西域から来たこの良い匂いの蘇合香を高いお金を払っても手に入れようとする理由としては、人々の嗅覚に与える刺激のほか、使用後の効果を挙げなければならない。次節では蘇合香の使用の場を通して、その効果について見てみよう。

第二節　蘇合香の効果と宗教の場での使用

冒頭の「擬四首詩」では、蘇合香が男女の愛情の贈り物の一つとして挙げられたが、「擬四首詩」の著者である傅玄はその臭いを「香」と結びつけないような説明をしていた。蘇合香の効果を見る前に、まず下記のその原料に関する述を見てみよう。

傅子曰、（中略）西国胡人言、蘇合香獣便也。中国皆以為怪。[12]

傅子（傅玄）に曰く、西国の胡人に言うには蘇合香は獣便である、と。中国ではみな疑わしいと考えている。というのが大意である。獣便とは動物の尿であることもあり、糞便であることもあるが、いずれにせよ動物の排泄物であると伝えられていた。

麝香や霊猫香のような、動物の分泌物から作られた香料は存在しており、南北朝時代の医学者陶弘景（四五六～五三六）も蘇合香が「獅子屎」で作られたものだと述べているが、当時の人々にとって、蘇合香が獣便で作られたということはやはり衝撃的であったと思われる。蘇敬（五九九～六七四）は『新修本草』で「云是獅子屎、乃是胡人誑言」[13]、獅子屎というのは胡人の誑言であると述べ、それを信じた陶弘景を批判したのであった。

唐代の薬学者の陳蔵器（六八七～七五七）は獅子屎と蘇合香にまつわるこの言い伝えのいざこざについて、『本草拾遺』の解紛篇でこのように述べている。

獅子屎、赤黒色、焼之去鬼気、服之破宿血、殺百虫。蘇合香色黄白、二物相似而不同[14]

これによると、獅子屎は赤黒色で、焼けば邪気を払い、服すれば宿血を破り、百虫（いろいろの虫）を殺す効果がある。色で見ると、蘇合香は黄白色で、両者は似ているものの、全く違うものであると読み取られる。

この内容は解紛篇、つまり言い争いになっていた項目についての解説編であり、当時において、獅子屎と蘇合香がよく間違えられたからこそ、このようにわざわざ書き留められたと推測される。

さて、なぜ獅子屎と蘇合香がよく間違えられたのだろうか。『本草拾遺』に記された獅子屎の効用が示唆的である。それと似た効用が蘇合香にも有するのである。

唐代の本草文献『千金翼方』では蘇合香の薬効についてこのように書いている。

味甘、湿、無毒。主辟悪、殺鬼精物、温瘧蠱毒、癇痓、去三虫、除邪。令人無夢魘。[15]

この内容によると、蘇合香は味が甘く湿り気で毒がない。主な薬効は辟悪、死霊や物の怪を殺し、温瘧と蠱毒を治し、三虫を除去し、邪気を払う。

獅子屎と蘇合香の薬効は、邪気を払い、虫を除去するところが共通している。獅子屎の「殺百虫」の「百虫」という諸々の虫の中には、おそらく蘇合香の「去三虫」の「三虫」も含まれるだろう。三虫は三尸とも言い、道教思想に由来する人間の体内に存在すると考えられていた三種類の虫（上尸・中尸・下尸）である。人を病気にさせ、寿命を縮める力を持つとされていたため、その除去は古代の人々にとって寿命と関わる非常に大事なことであった。

蘇合薬の薬効に頼り、その広まりを促したのは庶民のみではなかった。不老不死の霊薬——仙丹——を煉り、仙人になることを究極の目的とする道教においても、蘇合香は丹の原料の一つとして珍重されたとみられる。

道教の類書『雲笈七籤』の「方薬部」では、蘇合香を邪気・鬼魅・山精・魑魅を避ける処方薬をなす一種として、以下のように詳しく解釈している。

十八主辟邪鬼魅山精魑魅等方　以五月五日臘日合之
胤丹四十九分、蘇合香三十分、青木香二十四分、安息香二十四分、麝香十二分、生犀角二十四分、羚羊角十二分、白木香二十四分。
右八味以棗膏丸、如小豆大、一服七丸、日再服、不過七日、邪鬼病皆瘥。亦可七丸合為一丸、焼於香火上薫病人隠処、若鼻孔中吸噎、日夕各一度薫香即差。若山行野宿焼之、則群妖斂亦不能近。若欲召真神焼之、則仙官並至、玉女衛形。若能久服、満百日、衣汗皆香。千日、所臥床枕、吐気言語、香気遠聞、非説可尽。一云迎風而立、香聞三十里、久久百邪不干、群妖速殄。万日道成、白日昇仙、役使鬼神、拯済無極、長生久視、与天地斉備。[16]

右記の内容によると、

胤丹・蘇合香・青木香・安息香・麝香・生犀角・羚羊角・白木香の八種類の生薬を混ぜ合わせてできた小豆のような大きさの丸薬は、一服七丸で、一日二回を飲めば、七日を過ぎないうちに、邪気による病はすべて全癒する。または七丸で一丸にし、燃やして患部をいぶすこともできる。もし鼻が詰ったら、昼夕に一度ずついぶせば治る。山行や野宿の時に燃やせば、さまざまな妖怪は近づけない。神仙を招来するために燃やせば、仙官が連れ立って来て、玉女が体を守ってくれる。長く服せば満百日で衣服も汗もいい香りがする。千日になれば、寝るところや枕も吐息もすべて遠くまでいい香りを放つ。一説には風に向かって立てば、その香りが三十里にも届き、すべての妖怪はすぐに滅びる。万日で道を修め、白日に仙人となり、鬼神を役し、無極を救済し、長生きし、天地とともに生きる。

邪気を払い、神仙を召喚し、さらに自ら仙人になる効き目を持つ仙丹の原料の一つは蘇合香であると伝えられていた。もちろん、ほかの原料の効き目もこの仙丹の薬効に影響すると思われるが、蘇合香が大きな役割を果たしたことは否めないだろう。

道教に限らず、蘇合香は仏土に用いられた香料として伝えられ、さらに仏事に使われることは経典の記述によって知られる。

まず、仏土の世界に使われる香料として、蘇合香は以下のように描かれている。

三十三天、復有別殿名曰善見。（中略）栴檀沈水及蘇合香、雰氳郁烈用塗其地。〔17〕

これは入唐した天竺の僧侶、菩提流支が新たに訳した『大宝積経』に見られる内容である。三十三天とは仏教の忉利天を意味し、帝釈天の住処である。ここにはまた善見という別殿がある。栴檀、沈水と蘇合香の香気が非常に香しいため、善見ではそれらを用いて地面を塗ったと伝えられている。

仏土に蘇合香を用いる言い伝えは、前節で述べた中天竺の市で蘇合香の交換を行ったという『梁書』の記述をまた想起させる。天竺と香料の流通状況、その背景となる仏教の影響、またはそれが仏教にもたらした影響はいかなるものか、これらの問題は掘り下げるに値する非常に興味深いところであるが、本章で触れた内容は示唆的な意味合いを持つと考えられる。

つぎは、仏事に使用される蘇合香について『陀羅尼経』の文章を見てみよう。

於正西門宝火炉上、請釈迦仏、坐於火中蓮華座上、取前蘇合香、呪一遍一擲火中焼供養。〔18〕

正西門の香炉において釈迦如来を招来する。火中の蓮華座に座り、蘇合香を取り、呪文を一回読んだあとに蘇合香を火中に焚き供養する。

これは密教の護摩を修する場面であり、釈迦如来に対する供養の一種と捉えられる。ここでいう供養とは、現在死者や先祖によく使われる追善供養という意味ではなく、香、燈明や飲食などの供物を仏や菩薩に捧げることである。ここで釈迦如来を招く蘇合香の役割は、前述した道教の邪気・鬼魅・山精・魍魎を避ける仙丹の効き目と通じるところがある。道教のこの仙丹も神仙を招来するために焚かれると伝えられている。ただし、仏教は儀礼の場所に仏を勧請、つまり儀礼空間に呼び寄せ、俗世の空間が仏土になるのに対し、道教では儀礼の場所から神界となる。従って、仏教では来てくれた仏を供養するためにお香を焚くのに対し、道教ではお香を焚くのは、その煙に自分の体内神をのせて神界へ送り、神々に願いを伝えるという観念が込められている。儀礼の場とお香との関係については別稿を期したいが、ここでは、宗教儀礼の場において、人間と神仏との交流を可能にした役割が、香料の蘇合香にみられることだけを指摘しておく。

また、災害、戦乱や疫病のないことを祈るために修される護摩に、蘇合香が焚かれるということも仏典に見られる。

仏告阿難陀、若有男子女人、情所起願或為大雨或大旱、災横兵戈衆疫病瘧、凡是一切不如意事、欲読誦此大孔雀呪王冀消滅者、応如是作法（中略）然更随時布諸花果、焼沈水香蘇合香熏陸香普為供養[19]

この大意は以下の通りである。

仏が阿難尊者にこのように告げた：もし心より祈願したい、または大雨・大旱・災難・兵禍・病気・思い通りにならないすべてのことを除去するために、この大孔雀呪王経を読誦する男女がいれば、このような作法を取ればいい。（中略）さらに状況に合わせて花と果物を供え、沈水香・蘇合香・熏陸香を焚き供養する。

災難や病気の除去として焚かれた護摩に、蘇合香が使われていたのである。ここでは、蘇合香は焚く香料であり、道教の飲んでも焚いても病気を治せる仙丹とは少し異なるが、病の除去といった点においては共通している。

ここまで見ると、西域から来た香料の蘇合香が中国に入って、本草文献では薬として記載されたものの、不老不死を目的の一つとする本草学ではそれが邪気を払うなどの効用を持つ霊薬として見なされていたことが分かる。これも道教の仙丹に蘇合香を用いる背景であると考えられる。仏教で蘇合香を使い始めたのは天竺なのかどうかは定かでないが、市での蘇合香の交換があったことから、その可能性も考えられる。いずれにしても、中国に入った仏教の経典には、仏土に蘇合香を使うと伝えられ、仏教行事には蘇合香を使うことも記されているのは事実である。道教と仏教の儀礼の相互影響については、本章では紙幅の都合により掘り下げないが、少なくとも唐代において、両者はともに蘇合香を霊験あらたかな香料として使い、またこの認識が定着していたと言えよう。

次節ではこういった背景のもとに、唐代の楽舞として現れた「蘇合香」を見てみよう。

第三節　唐代に現れた楽舞「蘇合香」

シルクロードが開通したあと、数多くの香料が中国に流入したことは第一節に挙げた史料からも読み取られる。唐代になると、政治の安定と経済の発展によって、貿易がさらに発達し、大量の香料が途切れなく中国に入り、香料の使用はより一般化かつ多様化したとみられる。その中で、蘇合香が本草文献や仏典に記されたように霊験あらたかな香料として用いられたほか、人々は蘇合香で衣服をいぶし、家屋の柱に塗るなど[20]、その効用を存分に発揮させたのである。

それと同時に、唐代になると、香料としての蘇合香のみでなく、楽舞の曲名としての「蘇合香」が楽書『羯鼓録』[21]、『教坊記』[22]と『楽府雑録』に見られるようになった。『羯鼓録』と『教坊記』では「蘇合香」という曲名のみを挙げているが、『楽府雑録』の「舞工」の条の以下の記述を通して、その内容を垣間見ることができる。

舞者、楽之容也（中略）即有健舞、軟舞、字舞、花舞、馬舞。健舞曲有稜大、阿連、柘枝、剣器、胡旋、胡騰。軟舞曲有涼州、緑腰、蘇合香、団円旋、甘州等。[23]

舞とは楽の姿であり、健舞・軟舞・字舞・花舞・馬舞などがある。健舞の曲には「稜大」「阿連」「柘枝」「剣器」「胡旋」「胡騰」があり、軟舞の曲には「涼州」「緑腰」「蘇合香」「団円旋」「甘州」などがある、と舞を分類し、舞曲名を挙げている。

唐代の宮中・貴族の間や民間に流行っていた小編成の舞台性を持つ舞は、舞の性格とスタイルによって、おおよそ健舞と軟舞に分けられ、前者は逞しく力強い敏捷な舞であり、後者は穏やかで優しい舞であるとみられる[24]。

残念ながら、現存する中国の史料を通しては、楽舞「蘇合香」が軟舞であること以外、その具体的な舞い方や舞人の装束などについて知るすべがない。現在の中国の音楽史研究においては、主に日本の楽書や舞楽図を通してそれらを考察する手法が用いられている。日本の楽書に記されている「蘇合香」については次節で詳しく述べる。

ところで、楽舞「蘇合香」の性質を窺わせる記述がある。南宋の呉曾（生没年不詳）が撰述した『能改斎漫録』巻五[25]には以下の内容が見られる。

按張芸叟南遷錄、載其以元豊中至衡山謁嶽祠、有楽工六十四人隷祠下、毎歳立夏之日致祠、潭州通判与縣官備三献奏曲侑神。初曰蘇合香．次曰皇帝塩、終曰四朶子、三曲皆開元中所降也、至今不廃。器服音調、与今不同。然其曲甚長、自四更始奏、至旦方罷。祠官頗以為労、多従殺減。

この大意は以下の通りである。

張芸叟の『南遷録』によると、彼が元豊年間（一〇七八～一〇八五）に衡山の嶽祠に参拝しに行った際、六四人の楽人が嶽祠に仕え、毎年立夏の日に嶽祠に来て、潭州通判と縣官が三つの曲を先祖に捧げることを知った。一曲目は「蘇合香」、二曲目は「皇帝塩」、最終曲は「四朶子」といい、三曲はともに開元年間（七一三～七四一）から伝わったもので、今日に至っても廃れていない。楽器と衣服や音調が今日と異なる。しかし、その曲は甚だ長く、四更（午前一時から三時）から始まり、朝までにやっと終わる。祭祀を掌る祠官がすこぶる辛労と思い、よく曲を縮めた。

この内容から、以下の三点が読み取られる。

(イ)「蘇合香」が祭祀曲として用いられていたこと。
(ロ)「蘇合香」が開元年間から伝わったものであること。
(ハ)「蘇合香」が非常に長い編成をなす曲であったこと。

(イ)について、もしこの曲が香料の蘇合香に由来するのであれば、前述したように、霊験あらたかな霊薬としての蘇合香にちなんで作ったこの曲は、祭祀曲として使っても理に適う。そうなると、この曲はいつどこで作られたのか、という問題が浮上する。この場合、「蘇合香が使われる地域」

と「霊験あらたかな霊薬という意識の存在」が必要条件になると考える。唐代はこれまでに見てきたように、この二つの必要条件を満たしているが、そのほか、蘇合香の交換がみられ、仏教が普及し仏典が用いられていたと思われる中天竺も挙げられる。

(ロ)を見ると、まず思い浮かぶのは開元年間を治めた唐玄宗皇帝である。唐玄宗は善政を敷いた有能な皇帝として歴史に残る人物であるが、その音楽の才能も『旧唐書』本紀や『資治通鑑』(巻二百十一、「開元二年正月」の条)で高い評価を得たのである。唐玄宗は自ら曲を作ったほか、楽部の旧制を改革し、梨園・宜春院などの新たな音楽の教習機構を作り、数多くの楽人を育成するなど、唐代音楽の繁栄をもたらした。唐代以前の書物には楽舞「蘇合香」がみられないことから、おそらく唐代で作られた、もしくは唐代に流入してきた曲であるとみられる。さらに推測が重なるが、(ロ)の内容と併せて考えれば、「蘇合香」の成立年代またはもたらされた年代は開元より下らないのであろう。

さらに、唐代において、民間に用いられた音楽が宮廷に吸収され、改編された一方で、宮廷で演奏、制作された楽舞も民間に用いられた。『教坊記』や『楽府雑録』に載せられた「蘇合香」は宮廷音楽であったが、この『能改漫斎録』の祭祀曲としての「蘇合香」は同様または同じ系統を引く曲であると考えられよう。その上、唐代は南北朝以来の周辺地域の音楽が次々と取り入れられた「国際的音楽時代」[26]であったとみられ、そのうちの西域楽はほかの周辺音楽に比べもっとも盛んであった[27]。現在、有力な史資料が見つかっていない現状では、(ロ)の祭祀曲の「蘇合香」がもし唐代に流入してきた曲だとすれば、今まで見てきた要素を併せて考えると、その起源が西域である可能性は高いと思われる。

(八)の内容は次節に触れる「大曲」という曲の分類を想起される。大曲とは、王国維(一八七七〜一九二七)が「唐宋大曲考」の中で指摘したように蔡邕(一三三〜一九二)の『女訓』の「琴曲、小曲五終則止、大曲三終則止」に由来すると見るのがほぼ定説となっている[28]。大曲は教習時間が長く[29]、歌を持たない大曲もみられる[30]が、基本的には歌・楽・舞が融合した連続的に演じられる大編成の芸術形式であったと考えられる[31]。ここの祭祀曲「蘇合香」はどのような構成であったかは明記されていないが、六四人にも上る「楽工」や演奏時間が長いことから、ある程度の規模を有する編成であったと考えられる。

なお、右記の『能改斎漫録』の内容は、張芸叟(生没年不詳)の『南遷録』によると書かれているが、芸叟とは北宋文学者張舜民の字であり、その現存する著作の『画墁集』には同様な記述が見当たらない。この内容の出典に関する検討は必要であるが、ここにみられる楽舞「蘇合香」と相似するものは宋詞[32]にも現れている。

南宋の詞人姜夔(一一五五〜一二二一)が「霓裳中序第一」の序に、

丙午歳、留長沙、登祝融、因得其祠神之曲、曰皇帝塩、蘇合香。[33]

と書かれており、「丙午の年、長沙に留まり、祝融(山)を登り、そこで神を祀る曲を得た。名は皇帝塩、蘇合香」という内容である。ここでも「蘇合香」が祭祀に用いられる曲として記されている。『能改斎漫録』の内容と併せて見ると、二つ気になるところがある。一つは、『能改斎漫録』の「衡山」とここの「長沙」はともに現在の湖南省に位置し、衡山の回雁峰、祝融峰や岳麓山などが世に知られ、その最高峰は祝融峰である。もう一つは「蘇合香」とともに「皇帝塩」という曲も祭祀に用いられたことである。

「霓裳中序第一」の序では、長沙で登った「祝融」は衡山の最高峰であったかどうかを明記していないが、地理的に考えれば、『能改斎漫録』の衡山と同じ山である可能性は極めて高い。そうなると、唐代に現れた楽舞「蘇合香」が南宋になると、この地域で祭祀に用いられていたことになる。宋代の音楽文化については、唐代の宮廷音楽を熟知する楽人たちが、五代の蜀や江南で有力者に仕え、そこで継承され、さらに発展した音楽が宋朝の宮廷音楽に吸収された[34]ことや、五代の蜀の音楽文化が唐宋音楽をつなぐ一つの要点であった[35]ことが、すでに知られている。『能改斎漫録』と「霓裳中序第一」の序は、こういった文化的背景の影響が蜀と隣接する湖南にも及んでいたことを示唆する内容ではないかと考える。

また、「皇帝塩」は唐代の曲名にみられないが、「塩」という字がつく曲名はしばしば楽書などに現れる。たとえば、『教坊記』にある「一捻塩」「一斗塩」、『羯鼓録』にある「要殺塩」「鶻嶺塩」「突厥塩」「大秋秋塩」、『唐会要』にある「白蛤塩」「神鵲塩」「舞鵲塩」「三台塩」「神雀塩」などが挙げられる。曲名に「塩」という字がつけられた理由は定かでないが、これが唐代の曲名の一つの特徴であると言えよう。「皇帝塩」という名前は唐代楽舞の系統を引くものの表れとしても考えられるだろう。

ここまで見てきたことをまとめると、唐代の書物に現れた楽舞「蘇合香」は、香料蘇合香の使用の定着と広まりによって、唐代または天竺をはじめとする西域の地域で作られたものであると考えられる。「蘇合香」が祭祀曲として用いられた背景としては、香料蘇合香の霊験あらたかな効用に対する認識の定着が挙げられよう。

西域から来た蘇合香は、唐代に入ると、香料としての役割とともに、それにちなんだと思われる楽舞「蘇合香」も人々の生活に関わっていた。さらに、唐代の書物には詳しく記されなかった楽舞「蘇合香」は唐代楽舞として日本に伝わり、現行雅楽の一つとして伝承されているのである。次節では蘇合香の文化史的考察の終着駅である日本における伝承について、楽書『教訓抄』などの記述を通して見てみよう。

第四節　日本に伝承されていた「蘇合香」

現在日本に伝承されている雅楽は、内容、起源と様式によって次の三種類に分けられる。一つ目は日本本土を起源とする神道祭祀の楽――国風歌舞――であり、御神楽、東遊、久米舞などが含まれる。二つ目は五世紀から八世紀にかけて、東アジアから日本へ伝来した外来楽舞であり、唐楽と高麗楽と呼ばれるものである。三つ目は平安時代に発生した催馬楽と朗詠のような歌謡形式のものである[36]。

遣唐使などによって伝来した唐代の音楽は、主に宮廷音楽のうち、饗宴に用いられた楽舞であり、上記した二つ目の唐楽である。唐楽は日本雅楽に大きな影響を与えた上、重要な位置を占め、変遷を遂げながらも今日まで伝承されている[37]。外来楽舞のうち、楽器のみの演奏は管弦と呼ばれ、舞が伴うのは舞楽と呼ばれる。唐代楽舞「蘇合香」は日本に伝来後に、舞楽「蘇合香」と分類される。

舞楽「蘇合香」は『教訓抄』巻二に収録されており、その由来についてこのように書かれている。

此曲ハ、陳後主所作歟、一名古唐急　或書曰、中迎度《テンイントノ》楽ナリ、而モ中天竺ヨリ出タルカ、抑阿育大王、病ニワツライ給タリケルニ、蘇合香ト云草ヲ、薬ニエ給ハ爪《（ス）》ハ、存命カタカルヘシト申ケレハ、一国ノ大事ニテ、モトメケレトモ、ヲホカタモ、アリカタキ草ナレハ、モトメエス、経一七日、此草エタリ、即病ヤミ給ニケレハヨロコヒ給テ作給云々、舞ハ育偈ト云ケル人、此草ヲ甲トヽシテ、起座舞ケルニ、一殿ノ内、匂カウハシカリケリ、以此草名為楽名。又云蘇合香出蘇合国、諸香草煎汁名ナリ　此朝渡ス人、柏原天皇御時和迩部島継ト見タリ

その大意は以下の通りである。

この曲は陳後主が作ったものか。蘇合香は一名に「古唐急」と称する。ある書によれば、中印度の楽である。しかも中天竺から発したものか。はじめは阿育大王が病気に罹られた折に、ある人が「蘇合香という草を、薬として手にお入れになれなくては、お命はもちますまい」と言上したので、一国の大事であるから、それを探したけれども、元来見つからない草であったので、手に入れることができなかった。それがやっと七日後に、この草を得て、御病気が治まったというので、大王がお喜びになられて作曲された、という。舞は育偈という人が、この草を甲（兜）〔38〕に仕立てて、起座して舞ったところが、御殿の中が香りでいっぱいになった（という故事に由来する）。この曲はこの草の名をもって曲名とした。また一説に、

蘇合香は蘇合国に生えているもろもろの香草を煎じた汁の名だという。この国にこの舞曲をもたらした人は、柏原天皇（桓武天皇）の御代の和迩部島継と見える。

この内容によると、舞楽「蘇合香」には曲と舞が伴う。曲の作者は陳後主とされるが、ある書によれば阿育大王とされている。後者のほうは物語としての首尾が完備している。舞の由来に関わる人物は育偈であると伝えられている。

まず、作曲者から見てみよう。陳後主（五五三～六〇四）とは中国南北朝時代の南朝陳の最後の皇帝であり、亡国の無能な君主として有名であるとともに、優れた詩人としても名高い。その代表作の「玉樹後庭花」は後世にも歌い継がれた。この「玉樹後庭花」は日本にも伝わり、『教訓抄』巻三では唐代の政書『通典』を引用して、「堂々黄鸝留」と「金釵両臂垂」とともに陳後主の作としている。陳後主は当時の楽家においても知られていた人物であるに違いないが、前節で見てきたように、中国の文献では楽舞「蘇合香」の由来に関する記述は見当たらず、陳後主との関係を表す有力な根拠もない。そのためなのか、この内容の冒頭にはこれについて疑問視しており、それ以上の記述はない。

それに対し、もう一人の作曲者とされる阿育大王について、『教訓抄』は完結性を持つ物語を通じて曲との関係を説いている。阿育大王（在位前二七三～前二三二）は古代インドのマウリヤ朝の第三代の王、アショーカ王の漢訳であり、アショーカ王は古代インドの仏教を守護した大王として知られる。『雑阿含経』や『阿育王伝』『阿育王経』などの仏典に記されるアショーカ王の前世の因縁説話によると、アショーカ王が前世には釈迦にお布施として砂を渡し、これがアショーカ王の「肌膚麁渋」「身体麁渋」の原因になったという。「麁渋」とは肌が粗く、滑らかでないさまを表しているが、「阿育王身体麁渋諸女人等不欲近之」[39]と書かれたように、女性たちはアショーカ王の皮膚が「麁渋」であったため、近づきたがらないほどであった。おそらく、これは現在にも伝えられているアショーカ王が生涯皮膚病に悩んでいたという話の由来であろう。『教訓抄』に書かれたアショーカ王の病気と蘇合香のエピソードそのものは漢籍や漢訳仏典に記されていないものの、アショーカ王が病気を患っていたという説話を取り入れているとみられる。

舞は育偈という人が舞ったものに由来すると伝えられている。育偈とはどのような人物なのかは明らかでない。ここで注目したいのは、「此草ヲ甲トシテ、起座舞ケルニ、一殿ノ内、匂カウハシカリケリ。以此草名、為楽名」という記述の順序である。この記述は、前のアショーカ王の病を治った薬草蘇合香の説話のあとに記され、いわば、薬草の蘇合香がある→それを頭にかぶって舞う→いい香りがする→曲名となる、といった順序で説かれている。蘇合香に対して、香料よりも、薬草という認識が先行しているところが興味深い。この育偈という人がどの状況でこの舞を舞ったのかは不明であり、育偈は冒頭に書かれた「中天竺」の人かどうかも分からないが、『教訓抄』においては、珍しい薬草の蘇合香に対する認識がこの一連の由来譚の根底に流れる思想として描かれている。

前述したように、いい香りがするという単純な効用より、蘇合香の霊験あらたかな薬用性が中国での流行の要因となり、祭祀曲「蘇合香」もそういった背景のもとに用いられたと思われる。その中国では、楽舞「蘇合香」の出自に関する記述は一切見つかっておらず、香料としての使用の有無や霊験あらたかな香料としての宗教の場での使用がその出自を示唆するにとどまっている。この場合、天竺を含む西域も中国のどちらもが出自に当てはまる可能性があると考えられよう。天竺を含む西域で作られた楽舞が中国に流入した可能性もあれば、中国に吸収され、改編された可能性もあり、また、中国で新たに作られた可能性も皆無ではない。いずれにしても、このように中国が関わっているにもかかわらず、中国の楽舞を吸収して形成された日本雅楽を記した『教訓抄』では、中国よりもむしろ中天竺を中心に展開する説話が伝えられているのである。

それでは、『教訓抄』は中国の文献を参照しなかったのだろうか。この『教訓抄』の内容の最後には「蘇合香出蘇合国、諸香草煎汁名ナリ」とある。この表現が、第一節にみた『続漢書』の「合諸香煎其汁、謂之蘇合」や『梁書』の「蘇合是合諸香煎之」とは同工異曲であることをさておくとしても、『太平御覧』所引の『広志』にある「蘇合出大秦或云蘇合国（中略）合諸香草煎為蘇合香」〔40〕という記述と、ほぼ一致している。なお、「蘇合国」という国の名前は、管見の限りでは『太平御覧』にしか記されていない。『太平御覧』が一二世紀にすでに日本に将来したことも含めて考えれば、『教訓抄』のこの部分が『太平御覧』を参考にした可能性は高いと考えられる。

そうなると、『教訓抄』は、大秦産の蘇合香をその霊験あらたかな効用に注目し、意図的に中国ではなく、仏教の発祥地であるインドに蘇合香にちなんだ曲と舞の由来を求め、その上、奇譚とも言える独自な説話を伝えたことになる。『教訓抄』のこういった奇譚の語り方は、舞楽「蘇合香」のみではなく、「春鶯囀」などにも同様にみられるのであって、このような特徴を『教訓抄』の成立背景を通して考えていかなくてはならないだろう。これを今後続く研究課題の問題提起として、本章のまとめとしたい。

以上、蘇合香にまつわる文化史的変遷を見てきた。

蘇合香は西域由来の香料であったが、仏典では霊薬として記され、仏教の場における使用がみられる。それと同時に、中国に入った蘇合香は本草文献では霊薬として記され、道教の場にも用いられた。蘇合香を霊験あらたかな薬とする認識を背景にその使用が流行し、唐代においては「蘇合香」という楽舞が現れた。唐代の楽舞「蘇合香」は霊薬にちなんだものであるとする記述はみられないものの、祭祀曲として用いられたことは確認できる。祭祀曲として使われた理由は霊験あらたかな効用によると推測されるが、それを明記する記述が一切見つからない状況の中、日本雅楽に伝わった唐楽には舞楽「蘇合香」の由来を記した中世の楽書――『教訓抄』――がある。ある意味では、『教訓抄』の記述は唐代の楽舞「蘇合香」に関する伝承の空白を埋めた内容であるが、その内容は中国の書物を踏まえつつ、天竺に由来をもとめる奇譚を積極的に取り入れる性格を示し、日本的な展開を意図的に説いたものであると考える。

注

1 本章は拙稿「西域の香料・東の舞――蘇合香についての文化史的一考察――」（明海大学教養論文集『自然と文化』第二六号、二〇一五年一二月）を修正、加筆したものである。

2 （唐）欧陽詢撰『芸文類聚』（上海古籍出版社、一九八五年）一四五六頁。

3 同じ書簡を収録した『太平広記』（九七八年成立）巻八百一十四、布帛部の「素」の条では、「白素三匹」のところが「白素三百匹」となっており、生絹三匹で上記した三種類の珍しい品物と交換する可能性が低く、おそらく『芸文類聚』の記述は誤りであると推測できよう。

4 （西晋）陳寿撰（劉宋）裴松之注『三国志』（中華書局、一九五九年）八六〇頁。

5 （宋）李昉『太平御覧』（中華書局、一九六〇年）四三四七頁。

6 （劉宋）范曄『後漢書』（中華書局、一九七三年）二九一九頁。

7 （唐）姚思廉撰『梁書』（中華書局、一九七三年）七九七～七九八頁。

8 （宋）釈法雲『翻訳名義集』巻三衆香篇第三十四、「咄嚕瑟剣」の条による。テキストは国会図書館蔵寛永活字本による。

9 （東晋）葛洪『抱朴子内篇校釈』巻十二（中華書局、一九八六年）二三〇頁。

10 のちに蘇恭と改名、生卒年不詳。

11 （唐）蘇敬撰『新修本草』（輯復本）（安徽科学技術出版社、一九八一年）三二一頁。

12 （宋）李昉『太平御覧』（中華書局、一九六〇年）四三四七頁。

13 （唐）蘇敬撰『新修本草』（輯復本）（安徽科学技術出版社、一九八一年）三二一頁。

14 （唐）陳蔵器 尚志鈞輯釈『本草拾遺』（安徽科学技術出版社、二〇〇三年）三八一頁。

15 （唐）孫思邈『千金翼方』（人民衛生出版社、一九五五年）三六頁。

16　(北宋) 張君房撰『雲笈七籤』巻七十八 (華夏出版社、一九九六年) 四八七頁。
17　『大宝積経』巻第一百二十、テキストは大正新脩大蔵経データベースによる。なお、本論に使用する仏教経典のテキストはすべて大正新脩大蔵経データベースによるものである。
18　陀羅尼経』巻第一。
19　『仏説大孔雀呪王経』巻下。
20　隋代江総の「閨怨篇」に「池上鴛鴦不独自、帳中蘇合還空然」、唐代白居易の「裴常侍以題薔薇架十八韻見示因広為三十韻以和之」に「燕脂含笑臉、蘇合裛衣香」、などが挙げられる。
21　(唐) 南卓『羯鼓録』(古典文学出版社、一九五七年) 一二頁。
22　(唐) 崔令欽『教坊記 (外三種)』(唐宋史料筆記叢刊、中華書局、二〇一二) 一九頁。
23　(唐) 段安節『楽府雑録』(古典文学出版社、一九五七年) 一二七〜一二八頁。
24　何志浩『中国舞踏史』(中華大典班編会、一九七〇年) 二二四頁、王克芬『中国舞踏史』(文化芸術出版、一九八四年) 五頁、耿占軍『漢唐長安的楽舞与百戯』(西安出版社、二〇〇七年) 一二〇頁。
25　(南宋) 呉曾『能改斎漫録』(上海古籍出版社、一九七九年) 一〇五頁。
26　岸辺成雄『唐代音楽の歴史的研究 続巻』(和泉書院、二〇〇五年) 二八三頁。
27　拙稿「唐代の宮廷に響く異国の旋律――四方楽――」(東洋大学『エコ・フィロソフィ研究』第九号、二〇一五年三月)。
28　王国維「唐宋大曲考」『王国維戯曲論文集』(中国戯曲出版社、一九八四年) 一二三頁。
29　『唐六典』巻十四には「太楽署教楽 雅楽大曲、三十日成。小曲、二十日」と書かれ、雅楽の大曲の教習には三十日間、小曲の教習には二十日間かかるとしており、教習にかかる時間から推測される曲の長さ、複雑さ (教習の難しさ) で大曲と小曲を区分したとみられる。

30 『楽府詩集』巻四十三の「大曲」に所引の、現在散逸した陳の釈智匠の『古今楽録』によれば、「黄老弾」という大曲は歌を持たない。なお、テキストは（宋）郭茂倩『楽府詩集』（文学古籍刊行社、一九五五年）一一七七頁。

31 楊蔭瀏『中国古代音楽史稿』（人民音楽出版社、一九八一年）二三一頁。

32 宋代に隆盛した韻文形式。

33 呂明涛編注『宋詞三百首』（中華書局、二〇〇九年）二二八頁。

34 中純子「唐代中晩期における蜀の音楽文化――長安との交流を軸として――」（『日本中国学会報』第六四集、二〇一二年）。

35 趙為民「試論蜀地音楽対宋初教坊楽之影響」『音楽研究』（人民音楽出版社、一九九二年第一期）。

36 小野亮哉監修『雅楽大事典』（音楽之友社、一九八九年）、芝祐靖監修『雅楽入門事典』（柏書房、二〇〇六年）。

37 岸辺成雄『唐代音楽の歴史的研究 続巻』（和泉書院、二〇〇五年）、渡辺信一郎『中国古代の楽制と国家――日本雅楽の源流――』（文理閣、二〇一三年）などを参照されたい。

38 『教訓抄』では、各曲の装束の説明に「有甲」、つまり兜をかぶる装束であるとみられるほか、同巻の「案摩」の「二の舞」には、「腰ニ甲ヲ付タリ」とあり、日本思想大系本にはカブトの訓があることから、ここの「甲」も「兜」または被り物を意味すると考えられる。

39 （梁）釈伽婆羅訳『阿育王経』巻一。

40 （宋）李昉『太平御覧』（中華書局、一九六〇年）四三四七頁。

第七章　「甘州」にまつわる伝承

本章では、唐代の畿内[1]から離れた辺境の甘州[2]という地名を以て、楽曲名とした楽舞「甘州」の古代中国における言い伝えを検証し、日本の楽書『教訓抄』に記された音楽説話との比較を行い、中世日本におけるこの楽舞にまつわる説話の受容と展開を考察する。

甘州は中国歴代の王朝において戦略上の要地であり、周辺地域との交流が頻繁に行われ、諸民族間の貿易が盛んになるにつれて経済的位置も重要になっていた地域である。このような地理的・文化的背景を有する甘州を題材に作られ、宮廷音楽として演じられていた楽舞「甘州」の成立背景には、第一章で指摘した、四方楽における「徳」と「楽」を結びつける思想、すなわち漢民族文化の中心である中原から見た周辺地域の音楽を題材とすることによって、王朝の権威としての「徳」が周辺地域に及んでいることを楽舞により表現することで国威を誇示する思想があったと考えられる。

「甘州」は唐代大曲の一つであり、楽曲と舞踊の両方を有し、周辺民族の音楽を意味する「胡楽」という性質を持つものである。限られた資料によると、楽舞「甘州」は唐代の開元年間に盛んに演じられていたか、または開元年間に成立したものであるが、その曲はすでに晩唐時代には不完全になっていた。

一方で、日本において、大陸から伝わった楽舞は舞楽と呼ばれ、『教訓抄』にはそれぞれの舞楽の由来が書かれている。舞楽「甘州」に関する内容は中国の正史を踏まえているものの、その後の展開は奇譚の特徴が著しく、仏教的色彩が濃厚な内容である。これは筆者が一連の研究で注目してきた著者狛近真の霊験譚への傾倒を反映したものであると考える。

本章で取り上げる楽曲「甘州」はどのような契機によって作られたのかは明らかでないが、さまざまな民族交流が進んだ地域を題材にした宮廷音楽の一例である。このような成立背景を持つ楽曲「甘州」が日本雅楽に伝承された際には、非常に仏教的な内容になっていた。本章の検討を通じて、『教訓抄』における中国音楽説話の伝承と受容の特徴をさらに明らかにしていきたい。

第一節　甘州の歴史的位置

まず甘州という地名について、その地理的位置と歴史上の名称の変遷を見ていく。なお、本章では楽曲「甘州」が成立し、伝承されていた唐代までの歴史的背景を検討するので、五代から清朝までの変遷については検討の対象としない。

甘州の地理的位置は現在の甘粛省張掖市に比定される。漢武帝の元鼎六年（B.C.111）に張掖郡が設置され、西魏（五三五〜五五六）のときに甘州と改称された。隋代の初期には甘州という州が設置され、大業三年（六〇七）に郡制施行に伴い、甘州を張掖郡と改称した。唐代になると、三度の改称を経て、再び甘州となった[3]。唐代の初期から、吐蕃は甘州を含む河西道[4]に絶えず侵攻し、安史の乱以降はさらに激しくなっていった。甘州は大暦元年（七六六）に吐蕃に攻め落とされ、大中三年（八四九）に名将の張議朝（七九九〜八七二）によって奪還されるまで吐蕃に統治された。その後、九世紀後半に回鶻（ウィグル）が甘州を中心に「甘州回鶻」という政権を作り、甘州は甘州回鶻が滅亡した一〇三六年までにその支配下に置かれた。

上記の甘州の変遷からも分かるように、甘州は周辺民族との接触が頻繁な地域であった。実際、唐代において、隴右道とそこから分かれた河西道では、漢民族のほかにも数多くの周辺民族の庶民たちが暮らしていた。その中には、漢民族の制度や風習を取り入れた、つまり「漢化」された人々や、中央アジアのソグディアナ地方から移住してきたソグド人の「昭武九姓胡」[5]が含まれる。そのほか、突厥、吐蕃、回鶻、党項（タングート）と呼ばれた周辺民族の人々もこの地方に生活を営んでいた。

これらの周辺民族の実態や変遷は、中国古代の北方民族研究の第一人者である林幹の一連の研究[6]や、近年チベット史研究として注目される『吐蕃史稿』など[7]によって明らかになっている。ここでは、各民族について簡単に紹介しておく。

突厥とは鉄勒族（テュルク系民族）の支系の一つであり、ジュンガル盆地北部から高昌（現新疆トルファン）にかけて住んでいた遊牧民族である。シャーマニズム、ゾロアスター教、景教（古代キリスト教のネストリウス派）と仏教を信仰していた[8]。吐蕃族とは七世紀から九世紀中ごろまでチベット高原にあった統一王国の吐蕃に出現した牧畜を生業とする民族を指す。吐蕃族の思想と行動様式に影響を及ぼした原始宗教であるボン教[9]のほか、ソンツェン・ガンポ(五八一~六五〇?)の時代から盛んとなった仏教も吐蕃社会に大きな影響を与えたとみられる[10]。回鶻も鉄勒族(テュルク系民族)の支系であり、君主合骨咄禄毘伽可汗が唐徳宗貞元四年(七八八)に部族の名前を回鶻に改名と上表した以降、回鶻と呼ばれるようになり、史書に散見する回鶻、回紇、烏護といった表記はいずれもUyghurの音訳である。回鶻はそもそも仙娥河(セレンガ川)と嗢昆河(オルホン川)流域、天山山脈一帯に遊牧していたが、後に西へ移った三つの支系が見られ、その一つは牙帳(統治中心)を甘州に設置し、前記の「甘州回鶻」である。甘州回鶻が西へ移ったあともマニ教の信仰が受け継がれたが、一一世紀初期から仏教が盛んになった[11]。党項(タングート)は羌族の支系で、前漢時代の西羌の別種である。党項は南北朝以降から栄え、一一世紀初めに西夏を建てた遊牧民族であり、主に青海省を中心に活動しており、吐蕃の仏教文化を吸収し[12]、数多くの仏典を訳したとみられる[13]。

甘州地方はこのように多民族が共生しており、農耕民族と遊牧民族の生産と生活が互いに関わり合っていた。このような環境は貿易の活発化を生み出した要因の一つだと思われ、家畜や畜産加工品、手工芸品および農産物の交換がこの地方の民族間貿易の主流となっていた。隋代になると、突厥は馬一万頭、羊二万頭、駱駝と牛それぞれ五〇〇頭を朝貢したことを機に、互市を設けることを求め、その要望が隋の朝廷に認められた[14]。互市は交市とも呼ばれ、古代中国の国境地帯の貿易の通称である。煬帝（在位六〇四～六一八）はこうした民族貿易の発展を背景に、吏部尚書の裴矩（五五七～六二七）を張掖（甘州）に派遣し、この地方の貿易を仕切らせるなど、中央政府が直接に民族貿易を管理する政策を行い、張掖（甘州）を中心とした国際的貿易を展開させていった[15]。「西域諸蕃多至張掖与中国交市」[16]という描写にみられるように、隋代において西域諸国の人々は頻繁に張掖（甘州）で貿易活動を行っていたとみられる。つまり、甘州地方において、多民族から形成されていた住民の間のみならず、西域諸国の外国の商人もシルクロードを通じてこの地方の住民や商人と貿易を行っており、張掖（甘州）が国際貿易の中継地の役割を果たしていたことを、このような描写から垣間見ることができる。

大業五年（六〇九）六月、隋煬帝が自ら張掖（甘州）に赴き、高昌王麹伯雅などの西域の使節が見参したことは、『隋書』の記述によって知られる[17]。これは中国史上、中原王朝の皇帝が西の張掖（甘州）へ巡行した唯一の例であり、古代中国と中央アジアの貿易史や西北民族史上の画期的な出来事であると考えられる。その際、煬帝が周辺国の使節を招いて、宴を催した様子が以下のように記されている。

上御観風行殿、盛陳文物、奏九部楽、設魚龍曼延、宴高昌王、吐屯設於殿上、以寵異之。其蛮夷陪列者三十余国[18]

煬帝は観風行殿に御し、文物を陳列し、九部楽を奏でさせ、魚龍曼延を演じさせた。殿上で高昌王と吐屯をもてなし、彼らに対する特別な寵愛を示した。その時、三〇国余りの使節が陪列した。

というのが大意である。

ここの「観風行殿」とは隋代の有名な建築家宇文愷（五五五〜六一二）が作った車輪付きの仮の御殿である。『隋書』宇文愷伝の記述によれば、観風行殿の各部分が自由に離合でき、数百人もの侍衛を上に収容することができ、居合わせた周辺国の人々を驚かせた神業のような見事な御殿であったという[19]。九部楽は隋代において、西域楽などの周辺諸民族の楽舞を吸収した宮廷饗宴楽であるが、清楽・西涼・亀茲・天竺・康国・疏勒・安国・高麗・礼畢といった楽舞が含まれていたことが『隋書』の音楽志によって知られている[20]。魚龍曼延とは百戯の一つであり[21]、魚や龍などの模型を用いた西域の幻術を発展させた表現であるが[22]、仏教から影響を受けた芸術表現であるとされている[23]。

そもそも隋煬帝が西に巡行することとは、根本的には国力と皇帝の威厳を誇示するための行動であり、上記の巧みな移動式の御殿や、さまざまな文物の展示、九部楽で外国の使節をもてなしたことなどもその一環であったと考えられる。九部楽のうちの西涼・亀茲・天竺・康国・疏勒・安国・高麗の七つは中原ではない周辺地域の楽舞である。中原の四つの周辺地域——東夷・西戎・北狄・南蛮――の歌、楽と舞は四方楽、または四夷楽とも呼ばれ、「納四夷之楽者、美徳広之所及也」[24]とあるように、それらが宮廷音楽に取り入れられた背景にはすでに述べたように「徳」と「楽」を結びつける思想や国威の誇示といった意味合いがあったと考えられる。甘州は歴代王朝にとって戦略上の要地であり、周辺民族との貿易が盛んになるにつれて経済的にも重要性を増した場所である。それゆえに、皇帝の巡行のように国威を誇示する行為が甘州で行われ、地域の持つ影響力も大きかったと考えられる。甘州のこのような地理的・文化的特徴は唐代にも受け継がれていった[25]。

以上、甘州という場所の歴史および文化的背景について見てきた。唐代の楽舞「甘州」がどのような契機で作られたのかは明らかでないが、地名を以て楽舞の名とした「甘州」の成立背景はその地域の歴史および文化的背景とは切り離せない関係となる。次節はこの楽舞が唐代においてどのように伝承されていたのかについて見てみよう。

第二節 唐代における楽舞「甘州」の伝承

「甘州」の曲名について、以下の『新唐書』楽志の記述が示唆している。

開元二十四年、升胡部於堂上。而天宝楽曲、皆以辺地名、若涼州、伊州、甘州之類。後又詔道調、法曲与胡部新声合作。明年、安禄山反、涼州、伊州、甘州皆陥吐蕃。[26]

開元二四年（七三六）、胡部の音楽（胡楽）が殿上に昇り演奏することが許された。天宝年間（七四二〜七五六）の楽曲は「涼州」「伊州」「甘州」などの曲名のように、みな辺境の地名を曲名とする。のちに、道調の曲、法曲と胡部の新曲と合同で演奏するという詔を皇帝が発布した。明くる年、安禄山が反乱を起こし、涼州、伊州、甘州はみな吐蕃の支配下に陥った。という内容である。

この内容から、楽舞「甘州」は辺境の甘州という地名を以てなされた曲名であり、その性質は胡楽、つまり西域や北方の周辺民族の音楽であることが分かる。前節で示した周辺民族の交流が盛んであった甘州の地理的・文化的位置を考えれば、この楽曲の成立はそういった背景と切り離せない関係にあったことが推測される。

　「甘州」の成立年代も上記の内容から垣間見ることができる。「天宝楽曲、皆以辺地名、若涼州、伊州、甘州之類」について、①「甘州」は天宝年間（七四二〜七五六）に成立し、辺境の地名を以て曲名とした楽曲、②「甘州」は天宝年間以前の作であり、ここでは単に辺境の地名を以て曲名とした楽曲の例として挙げられた、という二つの解釈ができる。これについて、まず唐代成立の楽書『教坊記』を確認すると、「甘州」は「涼州」などの楽曲とともに「大曲名」のもとに記されている[27]ことが分かる。『教坊記』の成立年代は明らかでないが、その内容は主に開元年間の教坊[28]に関する制度や、それにまつわる逸話などを中心としている。開元は天宝の一つ前の年号であり、上記の『新唐書』の内容とは齟齬がなく、解釈②の可能性が大きい。さらに、北宋時代の成立であるが、『楽府詩集』舞曲歌辞・雑舞には「開元中、又有涼州、緑腰、蘇合香、屈柘枝、団乱旋、甘州、回波楽、蘭陵王、春鶯囀、半社渠、借席《マ》烏夜啼《マ》之属、謂之軟舞」[29]との記述がある。開元年間に「涼州」「緑腰」「蘇合香」「屈柘枝」「団乱旋」「甘州」「回波楽」「蘭陵王」「春鶯囀」「半社渠」「借席」「烏夜啼」などの楽舞を軟舞と言うという意味である。その一方、開元年間以前には「甘州」に関する記述が皆無であるため、「甘州」は天宝年間以前の開元年間に盛んに演奏されていた楽曲、または開元年間に作られた楽曲と見なすのが妥当であろう。

　先に述べたように「甘州」の名は『教坊記』の大曲一覧にみられる。大曲とは歌・楽・舞踊が融合して連続的に演じられる芸術形式であり[30]、唐代大曲の分類やその先行研究などについてすでに第五章で整理した。「甘州」もまた、様々な要素が含まれた、周辺民族の音楽を吸収した表現であったことが想像される。

『教坊記』の内容を補足する立場で編纂された『楽府要録』舞工の条では、『教坊記』で明記されなかった「甘州」の舞について以下のように書かれており、この記述が前記の『楽府詩集』の引用元であると思われる。

舞者、楽之容也（中略）即有健舞、軟舞、字舞、花舞、馬舞。健舞曲有稜大、阿連、柘枝、剣器、胡旋、胡騰。軟舞曲有涼州、緑腰、蘇合香、団円旋、甘州等。〔31〕

舞とは楽を表現する姿であり、健舞・軟舞・字舞・花舞・馬舞などがある。健舞の曲には「稜大」「阿連」「柘枝」「剣器」「胡旋」「胡騰」があり、軟舞の曲には「涼州」「緑腰」「蘇合香」「団円旋」「甘州」などがある、と舞を分類し、舞曲名を挙げている。

唐代の宮中・貴族の間や民間に流行した小編成の舞台性を持つ舞は、舞の性格とスタイルによって、おおよそ健舞と軟舞に分けられ、前者は逞しく力強い敏捷な舞であり、後者は穏やかで優しい舞であるとみられる〔32〕。「甘州」は「蘇合香」などとともに後者の穏やかで優美な舞と見なされていた。

続いて楽書『羯鼓録』について見てみよう。「甘州」の曲名が言及されていた羯鼓にまつわる逸話である。広徳年間（七六三〜七六四）、羯鼓に長ける前双流県丞の李琬（生没年不詳）が夜に美しい曲を聞いて、ある家を訪れ、羯鼓の奏者に「あなたが演奏しているのは耶婆色鶏ではないでしょうか。非常にお上手ですが、なぜ完結していないのでしょうか」と尋ねた。奏者は太常の楽人で、祖父が特に「耶婆色鶏」曲に長けているが、安史の乱で家族が四散してしまい、父親が河西で亡くなったことによりこの曲が廃れ、毎晩古い楽譜で曲の終わりを探しているもののそれを得られない、ということの経緯を話した。李琬は「未完のままの曲はほかの曲を以て表現すべきだ」（「夫曲有不尽者、須以他曲解之」）と言い、「耶婆色鶏」は「屈柘」で表現すべきだと教えた。奏者がその通りに試してみて、本当に調和が取れていて美しい曲の終わりであった[33]。『羯鼓録』は、この逸話中の「夫曲有不尽者、須以他曲解之」の例を、割注で「如柘枝用渾脱解、甘州用急了解」[34]と示している。すなわち、「柘枝」が「渾脱」で表現され、「甘州」が「急了」という曲で表現されるのと同様に、完結していない曲はほかの曲で表現されるべきである、というのである。

この逸話自体は「甘州」に関する内容ではない。しかし、その割注の内容から「甘州」が逸話中の「耶婆色鶏」と同様に未完の不完全な楽曲と見なされていたことを読み取ることができる。『羯鼓録』の著者南卓は生卒年不詳であるが、本文の内容によると、本書の成立は大中二〜四年（八四八〜八五〇）と推定される。この割注については、①逸話の背景となる広徳年間（七六三〜七六四）にすでに「甘州」がなんらかの原因で不完全になっていた、②『羯鼓録』が成立した時期に「甘州」がなんらかの原因で不完全になった、③『羯鼓録』が成立した時期には、「甘州」が広徳年間（七六三～七六四）に不完全になったと見なされていた、と三つの解釈が可能である。いずれにしても、「甘州」は遅くとも晩唐時代にはすでに不完全な楽曲になっていたと考えられるのである。

『羯鼓録』の割注に「甘州」の曲名が見られることは、当時この曲が存在したことを意味すると考えられる。しかしながら、『羯鼓録』の巻末には諸宮曲一覧があり、そこには「甘州」が見られない。

表5　『羯鼓録』所載の諸宮曲一覧〔35〕

曲調等	曲名
太簇宮	色俱騰、耀日光、乞婆娑、大勿、大通、舞山香、羅犁羅、蘇莫頼耶、俱倫僕、阿箇盤陀、蘇合香、蔵鈎楽、春光好、無首羅、鶻嶺塩、疏勒女、要殺塩、通天楽、万載楽、景雲、紫雲、承天楽、順天楽、
太簇商	蘇羅、柰利梵、大借席、耶婆色鶏、堂堂、半杜梁、君王盛神武赫赫、君之明、大鉢楽背、大娑野婆、破陣楽、黄駿蹄、放鷹楽、英雄楽、思帰、憶新院、西楼送落月、暴霜風、九成楽、傾杯楽、百歳老寿、還成楽、打毬楽、飲酒楽、舞厥麼賦、太平楽、大酺楽、大宝楽、聖明楽、婆羅門、闕加那、万歳楽、回婆楽、夜半撃羌兵、香山、優婆師、秋風高、匝天楽、禅曲、渡積破敵迴、五更囀、黄鶯囀、大定楽、越殿、須婆、鉢羅背、大秋秋塩、栗時、突厥塩、踏蹄長
太簇角	火蘇頼耶、大春楊柳、大東祇羅、大郎頼耶、即渠沙魚、大達麼友、俱倫毘、悉利都、移都師、阿鵲鶻鳥歌、飛仙、梁下採桑、西河師子三台舞、石州、破勃律
徴羽調与蕃部不載	

諸仏曲	九仙道曲、盧舎那仙曲、御製三元道曲、四天王、半閣麼那、失波羅辞見柞、草堂富羅二曲、于門焼香宝頭伽、菩薩阿羅地舞曲、阿陀弥大師曲
食曲	雲居曲、九巴鹿、阿弥羅衆僧曲、無量寿、真安曲、雲星曲、羅利児、芥老鶏、散花、大燃燈、多羅頭尼摩訶鉢、婆娑阿弥陀、悉駄低、大統、蔓度大利香積、仏帝利、亀茲大武、僧箇支婆羅樹、観世音、居麼尼、真陀利、大与、永寧賢者、恒河沙、江盤無始、具作、悉家牟尼、大乗、毘沙門、渇農之文徳、菩薩緱利陀、聖主与、地婆抜羅伽

表5は、太簇宮、太簇商、太簇角、諸仏曲と食曲を収録したものである。その中で、太簇宮は二三曲、太簇商は五〇曲、太簇角は一五曲、諸仏曲は一〇曲[36]、食曲は三三曲、合わせて一三一の曲名を記したものである。「太簇角」の曲名が並んだ後ろ、「諸仏曲」の曲名の前に「徴羽調与蕃部不載」という記述が見られ、徴調、羽調と蕃部の曲名をここに載せないという意味である。なぜ当時存在したと思われる「甘州」はここに現れないのか。同『羯鼓録』はじめの部分の以下の記述からその背景が推測される。

諸曲調如太簇宮曲、色倶騰、乞婆娑、曜日光等九十二曲名、元宗所製。其余徴羽調皆与胡部同、故不載[37]

諸曲調の太簇宮曲、色倶騰、乞婆娑、曜日光などの九二曲名は元宗（玄宗）の作である。その他の徴調と羽調の曲はみな胡部に同じであるため載せない、という内容である。胡部にあるすべての曲名は明らかでないが、前述した『新唐書』の内容から「甘州」が「胡部」の曲の一つであったことは確かである。『羯鼓録』巻末の曲名一覧に「甘州」の曲名が見られない一方で本文の割注に記されたのは、その胡部の曲としての性格によるのではないかと考えられる。そして、胡部の曲名を記さないということは、当時において、胡部の曲が、曲名をあえて記さなくても楽人の間では周知の曲として浸透していたことを反映していたと考えられよう。「甘州」もおそらくその一つであった。

残念ながら、現存する中国の史料を通しては、楽舞「甘州」が軟舞であること以外、その具体的な舞い方や舞人の装束などについては知るすべがない。「甘州」の舞のみならず、現在の中国の音楽史研究においては、主に日本の楽書や舞楽図を通して数多くの楽譜や曲調などを考察する手法を用いている。

『教訓抄』は、これら唐代楽舞の復元を含む多角的な研究においてその史実性が認められる重要な役割を担っていると同時に、中国の書物に見られない独自な展開を呈している。とりわけ、本書では、狛近真の霊験譚への傾倒を強調してきた。次節でもこの観点から『教訓抄』の「甘州」にまつわる説話を検討する。

第三節　『教訓抄』に記される「甘州」

『教訓抄』では「甘州」を「泔州」という題名で記し、巻三でその由来について以下のように述べている。

是ハ唐玄宗皇帝ノ御作也、天宝後多以辺地名曲泔州涼州是也、又有胡旋舞、而照千山ト云物（者）、作之云依勅歟、甘州ハ国名也、彼国海アリ、竹ヲヽクオヒタリ甘竹云、件ノ竹ノ根コトニ毒蛇毒蚖毒虫ヲホクミチテ、切ユルニアタハス、毒虫ノタメニ人ヲホク死ス、而奏此曲乗テ船ニ来テ、此竹ヲ切ハ、彼ノ虫人ヲ不害、金翅鳥ノ音ニ似ユヘニ、毒虫ヲソレヲナシテ、人ヲ害センノ心ナシ、其時ニ此竹ヲ船ニ切入テトルト申タリ不慥可尋

その大意は以下のようになる。

これは唐代の玄宗皇帝が作った曲である。天宝以降は辺境の地名を以て曲名とするものが

多い。泔州と涼州はその類である。また胡旋舞がある。しかし照千山という人の作であるという。甘州は国名であり、その国には海がある。甘竹という竹が密生しているところで、その竹の根元に毒蛇、毒イモリと毒虫がいて、竹を切り出すことができない。毒虫のために多くの人々が亡くなった。しかしこの曲を奏して船に乗って竹を切ると、毒虫は人に害を加えない。それはこの曲が金翅鳥《こんじちょう》の音に似ているため、毒虫の人に害を与えようとする心を無くさせたためである。その時にこの竹を船に切り入れて取るという。確かでない。調べるべきである。

以上に示したように、『教訓抄』の「甘州」に関する説話は、その内容により全体が三つの部分に分けられる。最初は史実を踏まえた内容、続いて記述の真偽は明らかではないが、奇譚とは性格が異なり客観的事実を記述しようとした内容、そして最後は「甘州」にまつわる奇譚である。まず、「甘州」の由来を説く『教訓抄』説話の冒頭部分は、前節で見た唐代の伝承がそのまま受け継がれている部分がみられる。まず、この曲は玄宗皇帝が作ったものだとするところは、前節で述べたように玄宗皇帝の開元年間が本曲の成立年代である可能性が大きいことを踏まえている。次に、天宝年間以降は辺地の地名を以て曲名とするものが多いという記述は、まさに『新唐書』もしくはそれに似た記述をほぼ引用したと思われる内容となっている。

続く、照千山という人が本曲を作ったという記述は、玄宗皇帝は本曲の制作を命じた人であり、照千山はその本当の作者であると読み取れる。管見の限り、照千山という人物についての記述は中国の書物には見当たらない。しかし書物の逸失や日本語に音訳されたときの誤写などの可能性を考慮すれば、この人物の存在や活動の可能性は皆無とは言えず、新資料によってそれが明らかになる可能性も残されていると考えられる。概ねここまでの記述については、著者狛近真が中国の出典を忠実に引こうとしている様子が窺えると言えるだろう。

説話は続けて、甘州という国にまつわる奇譚に話が移る。ここから内容が少しずつ変容していく。第一節で述べたように、唐代の甘州は現在の甘粛省張掖市に比定され、回鶻にも支配されていた場所である。『教訓抄』のこの説話では、甘州という場所には海があるとしているが、実際に甘州内には海がなく、海と称されるほど大きな湖もない。しかし、甘粛省に隣接する青海省の北東部、張掖と比定される甘州の南に位置する場所には青海湖という湖沼がある。この湖の歴史は前漢時代まで遡ることができる。その古称は西海、仙海であり〔38〕、一九四九年以降青海湖という名称に統一された。

『漢書』「地理志」には、「金城郡（中略）臨羌、西北至塞外、有西王母石室、僊海、塩池」〔39〕と書かれている。金城郡臨羌県の北西から塞外に、西王母の石室、僊海と塩池があるという意味である。ここでいう「僊海」は、古称で仙海とも呼ばれた青海湖を指していると見なされ、その命名は西王母神話と関連していると思われる。西王母とは、王母娘娘とも尊称され、上古時代から信仰されてきた女神である。道教の神仙系譜では、西王母は西の崑崙山に住み、すべての女仙を統率し、不老不死の薬を司る聖母とされている。西王母にまつわる話は、戦国時代から漢代にかけて加筆されて成立した中国最古の地理書『山海経』のほか、『穆天子伝』や『漢武帝内伝』、『漢武故事』『枕中書』『神異経』『西王母伝』『捜神記』『墉城集仙録』などの書物に記されており、その不老不死の姿や仙薬を司り霊験あらたかなイメージは早い時期にすでに民間に浸透していたとみられる。神話上の崑崙山には瑶池という池があるとされ、青海湖はこの瑶池にたとえられており、西王母との関連が強い場所として認識され、現在まで信仰されているのである。

海の存在を記した部分以降、『教訓抄』は、冒頭の史実を連想させる記述とは様変わりして、奇譚の色彩を濃くしていく。多くの人々がさまざまな毒虫のために命を落としているという記述は、話の流れからすると、これらの人々がおそらく甘竹を取ろうとして毒虫に遭ったと読むことができる。命の危険を冒してでも甘竹を取りたいということには、甘竹が生活の支えとなっていた背景があると推測される。そしてこのような人々の生活を脅かし、多くの人々の生死を左右する毒虫を駆除できたのは、この「甘州」という曲の力だと説かれている。金翅鳥《こんじちょう》の音と似ている「甘州」を奏でれば毒虫は人に害を与えないという説話の展開には、以下の三点を示唆している。

第一に、仏教経典に出る金翅鳥という霊鳥を通して、『教訓抄』がこの話に仏教的色合いを与えたことである。金翅鳥とはサンスクリット語のスパルナ（suparna）の音写であり、美しい羽の意を表している。金翅鳥は迦楼羅と同一視されるインド神話上の架空の大鳥であり、大乗経典では八部衆の一つとされ、密教では梵天・大自在天が衆生を救うためにこの鳥の姿を借りて現れるといい、また文殊の化身ともいう[40]。また金翅鳥は、雨風を起こす龍とされる毒蛇を常食とし、毒蛇から人を守る霊鳥として信仰されている[41]。『教訓抄』は、仏教におけるこのような金翅鳥に関する信仰を織り込んで、毒蛇が人に害を与えないという話を展開させたのである。

二つ目は、「甘州」という曲自体が「霊力」を持つことを『教訓抄』が説いている点である。『教訓抄』のこの説話は、正確には「甘州」の起源を説くものとはなっていない。むしろこの話は、すでに中国で完成されていた「甘州」という曲そのものが、毒蛇に対して人々に害を与えさせないような「霊力」を有していたと説いたものである。ここで言う「甘州」という曲の「霊力」には、二つの背景があると考えられる。一つは想像上の霊鳥金翅鳥が持つとされる霊力であり、もう一つは金翅鳥の鳴き声に似ているこの曲自身が持つ霊力である。前者は毒蛇を常食とし、毒蛇から人を守るというものである。後者はそのような金翅鳥の霊力を曲に付与する。両者ともに仏教における金翅鳥に関する信仰の展開であると言えるが、曲自体が霊力を持つ、あるいは不思議な現象を起こすという後者の発想は、『教訓抄』における「春鶯囀」や「蘇合香」などの由来をめぐる説話にみられる共通点であり、『教訓抄』の重要な特徴の一つではないかと考えられるのである。

第三に、「甘州」の霊力には「教化」の効果が備わることを『教訓抄』が説いている点である。仏典に登場する鳥類は金翅鳥のほかにもいろいろと見られる。そのなかでも『阿弥陀経』に説かれる迦陵頻伽と共命鳥はともに浄土に住む想像上の鳥であり、その鳴き声は人々に仏・法・僧の三宝を念ずる気持ちを起こさせるという。三宝を念ずることはまた、人々に悪行をなさずに善行を積むことを勧める仏の教えを受けることともなる。したがってこれらの鳥の鳴き声には、人々を良い方向に導く「教化」の効力があるとされる。『教訓抄』に説かれる金翅鳥の鳴き声に似ているという「甘州」の場合は、その対象は人間ではなく毒虫ではあるが、悪行をなさないことを勧めるという点においてはほかの霊鳥と同様に「教化」の役割を果たしていると考えられる。ところが、実際の仏典で説かれる金翅鳥は毒蛇を食べる存在であり、それゆえに毒蛇が金翅鳥を恐れるという話が主である。毒虫の類が人に害を与える心を無くすという『教訓抄』の内容は、ほかの霊鳥の「教化」する役割を想起させる点で独特であり、印象的かつ特徴的である。

以上のように『教訓抄』の「甘州」に関する説話の展開は、仏の世界にいる金翅鳥とその霊力に対する信仰、「甘州」という曲自体が霊力を持つという信仰、そして仏の世界にいる存在が持つ教化の力に関する信仰などがまじり合った語りとして捉えることができる。これらを語る最後の奇譚の部分は中国の書物には見当たらない内容であるとともに、この説話の中でもっとも重きが置かれている部分である。そして、曲には「霊力」がある、曲の霊力には教化の効果があると説く奇譚からは、狛近真が工夫をこらして、仏教の立場から独自に曲の由来を説こうとするねらいを読み取ることができるのである。

さらに付け加えると、「彼国海アリ」やそこに竹があるといった記述には、さまざまな文化的要素が含まれているとも考えられる。前述の通り、甘州には本当の海がないものの、その周辺には古くから海と言われる大きな湖があり、中国の人々が信仰する霊験あらたかな西王母の池とされる湖がある。西王母にいる仙境には、梧桐を住居とする鳳凰が生息していると中国の神話では言い伝えられている〔42〕。梧桐と鳳凰を表現する詩〔43〕は『詩経』にもみられ、さらに、『荘子』で「非梧桐不止、非練実不食」〔44〕と書かれたように、鳳凰は梧桐の木にしか棲まない、「練実」すなわち竹の実しか食べないと伝えられていた。竹はそもそも西王母の仙境にしかなく、ある下女がこそこそ下界に降りたことをきっかけに人間界に根付いて繁殖したという神話は、この一連の言い伝えを反映したものであろう。

このように中国の西王母に関連する神話の素材として池や竹が語られていることを踏まえれば、『教訓抄』の「甘州」の奇譚が、そのはじまりの部分で海と竹を背景として設定したのは単なる想像が駆け巡った結果だろうかという疑問がわく。推測を重ねることにはなるが、著者狛近真が、①甘州の周辺に西王母の仙境の池と信仰され、海と呼ばれるところがある、②西王母の仙境に池と竹がある、という漢籍から得た知見と知識から出発して、③その海と呼ばれたところはきっと仙境であろう、④そこには竹があるはず（あるいはあってもおかしくない）だ、というように、奇譚を語る想像の翼を広げた可能性を考えることもできるのではないだろうか。奇譚の背景としては非常に短い記述ではあるが、海と竹への言及は上記一連の神話を凝縮したものであり、そこからはじまる奇譚の伏線として設定されたのではないかと考える。これもまた『教訓抄』の巧みな構成手法であると思われる。

以上、楽舞「甘州」の発生背景、中国における伝承および日本の楽書『教訓抄』に記された伝承について検討してきた。

甘州という場所は民族的交流が盛んな地域であり、「甘州」は甘州の地理的・文化的位置が反映され、成立した楽舞である。唐代に伝承されていた「甘州」は胡部の曲とされ、晩唐時代にはすでに不完全な楽曲になっていた。中国の書物において、「甘州」は胡部の曲と軟舞であること以外、それに関する言い伝えが非常に乏しい。

一方、日本に伝来し、舞楽の一つとなった「甘州」について、楽書『教訓抄』では中国の書物を引用しつつ、中国の書物に見られない奇譚を展開した。説話の中心をなすこの奇譚は仏教的色彩が非常に濃厚であり、「甘州」説話の全体を通して、著者狛近真が中国由来の説話の素材を積極的に取り入れつつも仏教の立場から舞楽の由来を説こうとした主旨を垣間見ることができるのである。

注

1 皇帝が住む都の周辺地域を意味する。

2 以下、都市名においては甘州、楽曲名においては括弧を用いた「甘州」と表記する。

3 唐代初期は隋代の張掖郡を継承し、武徳二年（六一九）に甘州、天宝元年（七四二）に張掖郡、乾元元年（七五八）に甘州と三度に改称した。

4 唐睿宗景雲二年（七一一）、黄河以西の隴右道を取りのけて設置した行政区画。

5 昭武九姓とは南北朝時代から隋唐時代にかけて、中央アジアのソグディアナ地方に存在していた九つのオアシス都市国家。この九つの国王がいずれも昭武を国姓としたことから、昭武九姓と呼ばれ、その国民の多くは非漢民族の「胡人」（ソグド人）であるため、昭武九姓胡と呼ばれる。

6 林幹『中国古代北方民族通史』（鷺江出版社、二〇〇三年）、同『中国古代北方民族史通論』（内蒙古人民出版社、二〇〇七年）、同『中国古代北方民族史新論』（内蒙古人民出版社、二〇〇七年）などを参照されたい。

7 安応民『吐蕃史』（青海人民出版社、一九八九年）、才譲『吐蕃史稿』（甘粛人民出版社、二〇一〇年）を参照されたい。

8 林幹『中国古代北方民族通史』（鷺江出版社、二〇〇三年）一五九頁。

9 才譲『吐蕃史稿』（甘粛人民出版社、二〇一〇年）二九三〜三〇三頁。

10 安応民『吐蕃史』（青海人民出版社、一九八九年）一二三〜一二五頁。

11 前掲『中国古代北方民族通史』一九〇頁。

12 前掲『中国古代北方民族通史』二五八頁。

13 『宋史』夏国伝・上と『西夏書事』巻一一、一三、三九を参照。

14 『隋書』巻八四列伝四九の突厥伝、『北史』巻九九列伝八七の突厥伝を参照。
15 劉光華『甘粛通史 隋唐五代巻』(甘粛人民出版、二〇〇九年)三三～三九頁。
16 『隋書』巻六七列伝三二の裴矩伝のほか、『資治通鑑』巻一八〇大業三年一〇月の条では「西域諸胡多至張掖交市」と記されている。
17 『隋書』巻三帝紀第三を参照。
18 『隋書』巻三帝紀第三(中華書局、一九七三年)七三頁。
19 『隋書』巻六八列伝第三三の宇文愷伝、「造観風行殿、上容侍衛者数百人、離合為之、下施輪軸、推移倏忽、有若神功。狄戎見之、莫不驚駭」。
20 『隋書』巻一五志第一〇音楽下を参照。
21 王国維『宋元戯曲考』(中国戯劇出版社、一九九九年)と任半塘『唐戯弄』(上海古籍出版社、一九八四年)を参照されたい。百戯は台詞中心の表現形式である俳優、民間音楽を主とする歌舞、俳優と歌舞が融合した雑奏によって構成されるとみられる。
22 常任侠『糸綢之路与西域文化芸術』(上海文芸出版社、一九八一年)二一五～二二四頁。
23 郗文倩「張衡「西京賦」〝魚龍曼延〟発覆——兼論仏教幻術的東伝及其芸術表現——」『文学遺産』二〇一六年第六期。
24 (唐)杜佑『通典』(中華書局、一九八八年)三七二二頁。
25 劉光華『甘粛通史 隋唐五代巻』(甘粛人民出版、二〇〇九年)第二章～第四章。
26 (宋)欧陽修『新唐書』(中華書局、一九七五年)四七六頁。
27 (唐)崔令欽『教坊記(外三種)』(唐宋史料筆記叢刊、中華書局、二〇一二年)一九頁。
28 唐代の宮廷に仕える楽人や妓女に宮廷音楽を教習させるための機関である。なお、唐代の教坊について、

29 任半塘「『教坊記』箋訂」(中華書局、一九六二年)、楊蔭瀏『中国古代音楽史稿』(人民音楽出版社、一九八一年)、岸辺成雄『唐代音楽の歴史的研究 楽制編』(和泉書院、二〇〇五年)などを参照されたい。
30 (北宋)郭茂倩『楽府詩集』(中華書局、一九七九年)七六七頁。
31 楊蔭瀏『中国古代音楽史稿』(人民音楽出版社、一九八一年)二三二頁。
32 (唐)段安節『楽府雑録』(唐宋史料筆記叢刊、中華書局、二〇一二年)一二七〜一二八頁。
33 何志浩『中国舞踏史』(中華大典班編会、一九七〇年)二二四頁、王克芬『中国舞踏史』(文化芸術出版、一九八四年)五頁、耿占軍『漢唐長安的楽舞与百戯』(西安出版社、二〇〇七年)一二〇頁。
34 (唐)南卓『羯鼓録』(古典文学出版社、一九五七年)八〜九頁。
35 前掲『羯鼓録』、九頁。
36 同上、一二〜一五頁。なお、旧字体は筆者によって新字体に書き直した。
37 「草堂富羅二曲」を一曲として見なした結果である。
38 (唐)南卓『羯鼓録』(古典文学出版社、一九五七年)三頁。
39 臧励龢『中国古代地名大辞典』(商務印書館、一九八二年)青海の条、五七一頁。
40 (漢)班固『漢書』巻二八地理志第八下(中華書局、一九六二年)一六〇九頁。
41 中村元監修『新佛教辞典 増補』(誠信書房、一九八〇年)迦楼羅の条(九一頁)、金翅鳥の条(一八七頁)。
42 『長阿含経』、『起世因本経』、『仏説観仏三昧海経』などを参照。
43 金麦田編『中国古代神話故事全集』(京華出版社、二〇〇四年)。
44 「鳳凰鳴矣、於彼高崗、梧桐生矣、於彼朝陽、菶菶萋萋、雝雝喈喈」、唐莫尭注釈『詩経全訳』「大雅・巻阿」(貴州人民出版社、一九八一年)三九五頁。
45 孫通海訳注『荘子』「秋水」(中華書局、二〇〇七年)二六七頁。

終章

本書では、日本の楽書『教訓抄』における中国関連の音楽説話について、中国における伝承と日本における受容のあり方を比較し、中国古代の音楽文化のいかなる部分が中世日本において受容され、さらに独自な展開を遂げていくに至ったかを検討してきた。終章では各章の主要な論点を整理して本書が明らかにしてきた内容をまとめ、最後に、本書の成果と今後の課題を挙げてまとめに代えることにする。

第一節　各章における論点の整理

本書は、まず第一章および第二章で、『教訓抄』成立の背景とその性格を検討した。

第一章「唐代宮廷音楽の伝来と日本における受容」では、まず、内容、起源と様式が異なる複数の音楽種目より構成される今日の日本雅楽のなかで、五世紀から八世紀にかけて中国大陸から日本へ伝来した外来楽舞、とりわけ本書が検討する『教訓抄』を著した狛近真が伝承した左方唐楽の主体である唐代宮廷音楽の内容を検討した。とくにその主な構成要素である四方楽には――漢民族の文化の中心地である中原からみた周辺地域の楽と舞を宮廷音楽に取り入れることを通じて中央の威徳が周辺に及んでいることを音楽によって表現するという意味で――「徳」と「楽」を結びつけて国威を誇示する思想が背景にあった。続けて、遣唐使を通じた唐代宮廷音楽の日本への伝来の過程を概観し、伝来の担い手が楽人、留学生・留学僧、官人さらには来日した外国人など多岐にわたったこと、大陸の楽舞が当時の先進文化の一端を担うものとして古代律令国家に吸収され、日本雅楽の不可欠な部分として体系的に伝えられ、国家的儀礼に用いられるようになったことを指摘した。最後に、律令制度の後退や貴族の音楽に対する受容の多様化などを背景として、雅楽をめぐる制度と担い手が変化し、左右両部制への移行とともに楽所に所属する家系が楽舞の伝承の担い手となったことを指摘した。

第二章「『教訓抄』の成立と内容」では、まず『教訓抄』の著者である狛近真の生涯と『教訓抄』著述の動機を概観した。南都楽所に所属した狛氏は、左方唐楽を伝承する舞楽の代表的な楽家として雅楽の伝承と教習に携わった渡来人系の家系の一つで、狛近真は実兄に嗣子がいなかったために家を継ぎ、舞と楽の二道を継承し、数多くの秘曲を相伝した人物であった。『教訓抄』著述の動機としては、その序に述べられたような家芸断絶への危機感に加えて、一三世紀前半、武家の主導権が強まる時代に戦乱によって雅楽の伝承そのものが断絶することへの危機感があったことが考えられる。次いで、『教訓抄』と仏教的背景とりわけ仏教説話集との関連性に注目する観点から、巻七「舞曲源物語」序文を検討した。「凡ソ舞曲ノ源ヲタツヌレハ、仏世界ヨリ始」という文言から始まる巻七は、舞曲がその源を美しい楽舞に満ちた「彼の世界」に由来することを説き、その証として本朝で起きた楽舞にまつわる霊験譚のあらましを列記する内容となっている。そこに書かれた霊験譚の多くは『教訓抄』とほぼ同時代の説話集にも同様の霊験譚を見出すことができるもので、このように仏教説話としての色彩を濃厚にもつ考え方が、狛嫡流もしくは狛近真の舞楽の捉え方の根底には流れていたと考えられ、このことは『教訓抄』を理解するうえで重要な論点であることを強調した。最後に、『教訓抄』全体の構成と内容および古写本と版本を整理した。

続けて本書は、第三章から第七章までの五章にわたって、『教訓抄』に記述された中国関連説話の各事例を検討した。

第三章「「迦陵頻」にまつわる伝承」では、舞楽曲の由来を仏の世界に求め、舞楽曲が不思議な力を有する証として霊験譚を説く『教訓抄』の性格を反映する第一の事例として、巻七の霊験譚でも言及された舞楽「迦陵頻」にまつわる伝承を考察した。まず、その中国における伝承については、漢訳仏典において浄土に住む人面鳥身で美声を持つ霊鳥として描かれる迦陵頻伽が浄土変相図のなかでどのように描かれたかを敦煌壁画と絹絵を例に検討した。ここでとくに注目されるのは、仏典そのままに描かれる例とは別に、迦陵頻伽が楽人や舞人とともに本尊の正面で演奏する姿が描かれる例が多く、またそれらが唐代宮廷音楽の実際のあり方を反映していたことである。そこで描かれた迦陵頻伽が手にしていたのは、中国で伝統的に用いられてきた楽器である排簫に加えて、西域的な色彩が強い拍板、銅鈸と琵琶など、外来楽舞を積極的に取り入れた唐代宮廷饗宴楽で実際に用いられていた楽器であった。一方、日本の浄土変相図では、中国ではその全てに描かれているわけではない迦陵頻伽が浄土に必須の存在として描かれている。そして『教訓抄』は、舞楽「迦陵頻」の伝来経緯について、浄土にいる迦陵頻伽による供養舞を妙音天が奏でたものが舞楽「迦陵頻」であり、その妙音天が降臨して舞楽「迦陵頻」を婆羅門僧正に伝え、来朝した婆羅門僧正が供養舞としての「迦陵頻」を日本で創作した可能性を示唆している。このように『教訓抄』の「迦陵頻」をめぐる記述は、「迦陵頻」の舞と楽の発生そのものが仏の世界に由来すると説き、奈良時代に大活躍した婆羅門僧正を浄土と人間界を繋げる奇譚の証明者として仕立てた点で、狛近真が提唱した「舞曲ノ源ヲタツヌレハ、仏世界ヨリ始」という思想の代表的な例であると考えられることを指摘した。

第四章「「蘭陵王」にまつわる伝承」では、北斉の皇族、高長恭をめぐる楽舞「蘭陵王」の古代中国における伝承とその性格を考察したうえで、日本舞楽に吸収され『教訓抄』に記された舞楽「蘭陵王」をめぐる伝承をこれと比較して、そこに狛近真が加えた要素とその意図を考察した。まず中国において高長恭の生涯について書かれた正史『北史』によれば、美貌と優しさと戦場における勇敢さで知られる英雄であり蘭陵王と呼ばれた高長恭が、その美貌ゆえに敵に侮られまいとして付けた仮面（兜）を味方の守備兵たちの前で脱いで素顔をさらした出来事から歌謡「蘭陵王入陣曲」が生まれ、民間に伝えられた。次いで唐代宮廷音楽のなかで物語性を有する散楽として「蘭陵王」が流行したが、安史の乱以後、宮廷音楽の伝承が徐々に廃れるとともに楽舞「蘭陵王」も消えていった。続けて第四章は、『教訓抄』において狛嫡流伝承の舞楽として伝えられた「蘭陵王」の内容を四箇所にわたる記述の相互関係に着目して検討した。著者の狛近真は舞楽「蘭陵王」の由来を記した漢籍である『通典』に語られた中国における伝承の内容を十分にふまえたうえで、あらたに舞を舞うことで天下泰平と国土豊穣の願いが叶うという内容を加え、さらに蘭陵王のシンボルである仮面を中心とする舞楽「蘭陵王」とはまったく別の中国の書物には見られない舞楽「没日還日楽」の由来を説く奇譚を付け加えた。これらの内容を分析・検討することにより、中国の伝承に独自の仏教的解釈と奇譚としての性格を付け加えようとした狛近真の意図が読み取れることを指摘した。

第五章「「春鶯囀」にまつわる伝承」では、唐代宮廷音楽において歌・楽・舞を融合した大編成の楽舞として重要な位置づけを与えられた「大曲」のひとつである「春鶯囀」の成立について、『教訓抄』の記述を中心に日中両国の伝承を比較・考察した。まず唐代大曲に関する学説を整理し、のちに「春鶯囀」を含む四曲が四箇大曲として日本の雅楽に伝承されたことを指摘したうえで、中国古典の『教坊記』・『楽府詩集』などに記述された由来と『教訓抄』に記された受容をめぐる説話を比較・検討した。中国では、まず鶯が出現して、その鳴き声が美しいために唐高宗の命によりそれをかたどった結果として「春鶯囀」が作られたとされる。これに対して『教訓抄』では、「春鶯囀」を奏した結果として鶯が集まってくるという、曲そのものに霊力があるとする独自の語りなおしを加えてその由来が説かれている。さらに『教訓抄』は、中国に関連する伝承を記す一方で、承和年間に日本舞楽の名手として知られる尾張浜主が仁明天皇に献じた特殊な舞が天皇により「天長宝寿楽」と名付けられ、それが「春鶯囀」の由来であるという、日本における創作にまつわる伝承を独自に加え、しかもこれら異なる二つの道筋を『唐会要』に現れる「天長宝寿」という曲目をキーワードにして巧みに結びつけて語っている。ここにも著者の狛近真が中国の伝承をふまえながら本朝の制作または改編という立場から由来を説こうとする姿勢が表れていることを指摘した。

第六章「蘇合香にまつわる伝承」では、漢代に中国に入り人々に好まれた西域由来の香料である蘇合香について文献から今日知り得る事実を整理したうえで、唐代の文献に現れる楽舞「蘇合香」と、日本で現行雅楽の一つとして伝承される「蘇合香」の由来をめぐる『教訓抄』の記述を比較・検討した。蘇合香は西域由来の香料であったが、仏典では霊薬として記され、中国に入った蘇合香は本草文献では霊薬として記され、道教の場にも用いられてその使用が流行した。唐代に現れた楽舞「蘇合香」は、祭祀曲として使われたことが確認できる一方、その理由が霊薬としての効用であることを明記する記述が文献からは見つからない。これに対して舞楽「蘇合香」について複数の由来を記した『教訓抄』の記述を見ると、中天竺（インド）のアショーカ王の病を癒した薬草としての蘇合香が由来として強調され、また、それを頭にかぶって舞うと御殿が香りで一杯になったことが曲名の由来であったと記される。その一方、著者が中国の文献『太平御覧』を十分に参照して書いたと思われる箇所もある。このことから『教訓抄』は、蘇合香にちなんだ曲と舞の由来を意図的に中国ではなく仏教の発祥地であるインドに求めたうえで、奇譚とも言える独自の説話を加えたと考えられる。以上から、唐代の楽舞「蘇合香」に関する中国における伝承には空白があり、『教訓抄』の記述はこれを埋めるものとも言えるが、その内容は中国の書物を踏まえつつ、天竺に由来をもとめる奇譚を積極的に取り入れる性格を示し、日本的な展開を意図的に説いたものであることを指摘した。

第七章「「甘州」にまつわる伝承」では、唐代中国における辺境の甘州という地名を以て楽舞名とした楽舞「甘州」の古代中国における伝承と『教訓抄』に記された音楽説話を比較・検討した。甘州という場所は民族的交流が盛んな地域であり、「甘州」はそのような甘州の地理的・文化的位置が反映され成立した楽舞であると考えられる。しかし晩唐時代にはすでに不完全な楽曲となっていた「甘州」について、中国の書物からは胡部の曲と軟舞であったこと以外の言い伝えは非常に乏しい。一方、日本に伝来した舞楽「甘州」について『教訓抄』は、中国の書物を引用しつつも、仏の世界にいる金翅鳥《こんじちょう》とその霊力に対する信仰、「甘州」という曲自体が霊力を持つという信仰、そして仏の世界にいる存在がもつ教化の力に関する信仰などがまじり合った、中国の書物には見当たらない内容の奇譚を展開している。このように曲に「霊力」がある、曲の霊力には「教化」の効果があると説く奇譚からは、著者の狛近真が工夫をこらして仏教の立場から独自に曲の由来を説こうとする『教訓抄』のねらいを読み取ることができることを指摘した。

第二節　本書の成果と課題

序論で述べたように、『教訓抄』は日本初の総合的楽書として後世の楽書に影響を与えたという点で大きな意義を持つだけでなく、芸能史・音楽史・説話の伝承など文化史の多方面にわたる研究領域において、資料的意義を備えている書物でありながら、その研究が立ち遅れてきた。本書はこの課題に対して、未開拓の分野のひとつとして中国に関連する説話の伝承と受容に注目したものであった。

また各章で指摘してきたように、日本雅楽の主要な構成要素のひとつである外来楽舞において重要な位置をもつ唐代宮廷音楽は中国に現存しない。このため日本雅楽史は唐代宮廷音楽の実態を推測する手掛かりを与える意味でも重要な研究の意義をもち、また日本雅楽に吸収される過程で唐代宮廷音楽がいかなる変遷を遂げたのかをあわせて検討することが不可欠である。この課題に対する音楽史・日本雅楽研究が挙げてきた成果とその意義をふまえ、また、説話・音楽伝承から音楽場面を解明するという楽曲研究とは別の視点から迫る磯水絵の方法に触発されつつ、本書では、中国音楽説話をめぐる文献・史資料の考察をあらたに加え、これらを日本の音楽説話と対照することにより、当時の中国音楽説話の日本的受容について考察したものであった。

以上の観点から行った本書の成果として次の三点を挙げたい。

第一に、本書は、『教訓抄』巻七「舞曲源物語」が示した認識、すなわち外来楽舞である唐代宮廷音楽の日本化すなわち日本における伝統音楽としての定着にあたって、仏教的解釈を付け加えたことの重要性を、各曲の事例について詳細に明らかにした。もちろん「迦陵頻」のように、楽舞の起源が明瞭に仏典に求められる例もあるが、中国の伝承のなかで仏教的解釈は楽舞の由来として強調されることがほとんどない。これに対して『教訓抄』では、各章で検討してきたように、その程度や濃淡の差はあるにせよ、楽舞の由来の語りにはつねに何らかの仏教的解釈が付け加えられていたのである。

第二に、本書は、『教訓抄』が仏教的解釈と濃厚に結びついて楽舞の由来を説くほとんどの場合において奇譚・霊験譚の性格が与えられていたこと、すなわち仏教説話として楽舞の由来を語っていたことに注目して詳細な検討を加え、そこにはいくつかのパターンが見られることを明らかにした。第一に指摘できるのは、楽舞そのものと霊力を結びつける説話の発想である。この発想はさらに、楽舞そのものが仏世界で生まれたとする説話（「迦陵頻」）、楽舞そのものが霊力をもつとする説話（「春鶯囀」・「甘州」）、楽舞を舞い奏でる行為が霊力をもつとする説話（「蘭陵王」・「蘇合香」）などに区分することができる。第二に指摘できるのは、楽舞の起源となる物語に霊験譚の性格を求めるもので、「蘭陵王」と結びつけられた「没日還日楽」・「蘇合香」・「甘州」などをその例に数えることができる。

第三に、上記に指摘した仏教的解釈および霊験譚・奇譚（仏教説話）の背景として、著者である狛近真が、中国の伝承をふまえながら本朝の制作または改編という立場から由来を説こうとする姿勢において一貫していたことを、漢籍と『教訓抄』の記述を比較・対照することを通じて明らかにした。狛近真が漢籍に通暁していたこと、中国における舞曲の起源に関する文献の内容を十分に踏まえたうえで巧みな創作や独自の解釈を付け加えていたことは各章において論じた通りである。渡来人の家系で左方唐楽を日本において伝承する狛家の家を継ぐものとしての狛近真の強烈な問題意識がそこには反映していたと見るべきであろう。このことはまた、『教訓抄』著者の楽人としての文化意識を明らかにするうえで、同書のテキストを参照するだけでは必ずしも十分ではなく、中国における伝承に関連した文献を照合して初めて確認することができる場合が少なくないことを示している。

最後に、残された今後の課題を二点挙げておく。

第一に、本書では、『教訓抄』において中国音楽説話の日本における伝承に際して仏教的解釈が果たした役割が大きいことを文献に即して明らかにしたものの、この問題をより深く明らかにするうえでは、『教訓抄』で語られた仏教的解釈や霊験譚を日本の仏教思想史のなかに位置づけることや、説話文学の中に位置づけるために、関連する日本の中世説話などの文献との比較や関連を明らかにすることが必要であり、今後の課題としたい。

第二に、本書が参照した『教訓抄』は、中国音楽説話に関連した部分に限定されており、雅楽史資料として参照されてきた各曲の楽・舞に関する具体的な記述には検討が及ばなかった。本朝の制作または改編という立場に関して本研究が明らかにしてきた論点やそこに示された楽人として問題関心や文化意識が、実際の音楽場面における日本雅楽の成立と具体的にどのように結びついていたのかを明らかにするためには、日本雅楽史・音楽史研究と共同して検討を進めることが必要であり、今後の課題としたい。

参考文献

中国語史料（年代順）

（戦国）『荘子』「秋水」中華書局、二〇〇七年
（後漢）班固『漢書』巻二八地理志第八下、中華書局、一九六二年
（後漢）劉熙『釈名』中華書局、一九八五年
（後漢）許慎『説文解字』叢書集成初編、中華書局、一九八五年
（西晋）陳寿撰（劉宋）裴松之注『三国志』中華書局、一九五九年
（東晋）葛洪『抱朴子内篇校釈』巻十二、中華書局、一九八六年
（劉宋）范曄『後漢書』中華書局、一九七三年
（唐）陳蔵器 尚志鈞輯釈『本草拾遺』安徽科学技術出版社、二〇〇三年
（唐）崔令欽『教坊記（外三種）』唐宋史料筆記叢刊、中華書局、二〇一二年
（唐）崔令欽『教坊記』叢書集成初編、中華書局、一九八五年
（唐）段安節『楽府雑録』古典文学出版社、一九五七年
（唐）段安節『楽府雑録』唐宋史料筆記叢刊、中華書局、二〇一二年

（唐）杜佑撰『通典』中華書局、一九八八年
（唐）李延寿撰『北史』中華書局、一九七四年
（唐）劉粛『大唐新語』歴代史料筆記叢刊、中華書局、一九九七年
（唐）南卓『羯鼓録』古典文学出版社、一九五七年
（唐）欧陽詢撰『芸文類聚』上海古籍出版社、一九八五年
（唐）蘇敬撰『新修本草』（輯復本）安徽科学技術出版社、一九八一年
（唐）孫思邈『千金翼方』人民衛生出版社、一九五五年
（唐）魏徴撰『隋書』中華書局、一九七三年
（唐）姚思廉撰『梁書』中華書局、一九七三年
（唐）『楽書要録』叢書集成初編、中華書局、一九八五年
（後晋）劉昫『旧唐書』中華書局、一九七五年
（北宋）郭茂倩『楽府詩集』文学古籍刊行社、一九五五年
（北宋）李昉『太平御覧』中華書局、一九六〇年
（北宋）欧陽修『新唐書』中華書局、一九七五年
（北宋）釈法雲『翻訳名義集』巻三衆香篇第三十四、「咄嚕瑟剣」、国会図書館蔵寛永活字本
（北宋）王溥撰『唐会要』中華書局、一九五五年
（北宋）張君房撰『雲笈七籤』巻七十八、華夏出版社、一九九六年
（南宋）呉曾『能改斎漫録』上海古籍出版社、一九七九年

著書（中国語）（ピンイン順）

安応民『吐蕃史』青海人民出版社、一九八九年
才讓『吐蕃史稿』甘粛人民出版社、二〇一〇年
常任俠『糸綢之路与西域文化芸術』上海文芸出版社、一九八一年
陳維昭『二〇世紀中国古代文学研究史 戯曲巻』東方出版中心、二〇〇六年
段文傑『中国敦煌壁画全集 盛唐』天津人民美術出版社、二〇一〇年
敦煌研究院『敦煌石窟全集一六 音楽画巻』商務印書館、二〇〇二年
——『敦煌石窟全集一七 舞蹈画巻』商務印書館、二〇〇一年
馮其庸『中国芸術百科辞典』商務印書館、二〇〇四年
何志浩『中国舞踏史』中華大典班編会、一九七〇年
耿占軍『漢唐長安的楽舞与百戯』西安出版社、二〇〇七年
広東広西湖南河南辞源修訂組編『辞源』商務印書館、一九八〇年
金麦田編『中国古代神話故事全集』京華出版社、二〇〇四年
林幹『中国古代北方民族史新論』内蒙古人民出版社、二〇〇七年
——『中国古代北方民族史通論』内蒙古人民出版社、二〇〇七年
——『中国古代北方民族通史』鷺江出版社、二〇〇三年
廖奔『中国戯曲史』専題史系列叢書、上海人民出版社、二〇〇四年
劉光華『甘粛通史 隋唐五代巻』甘粛人民出版、二〇〇九年
羅竹風主編『漢語大詞典 第五巻』漢語大詞典出版社、一九九〇年
呂明涛編注『宋詞三百首』中華書局、二〇〇九年
孟瑶『中国戯曲史』伝記文学叢書六六　伝記文学出版社、一九七九年

任半塘「『教坊記』箋訂」中華書局、一九六二年
任半塘『唐戲弄』上海古籍出版社、一九八四年
孫蘭鳳編『隋唐五代墓誌匯編』北京大学巻第一冊、天津古籍出版社、一九九二年
唐莫尭注釈『詩経全訳』「大雅・巻阿」貴州人民出版社、一九八一年
王力主編『古漢語字典』中華書局、二〇〇〇年
王国維「戲曲考源」『王国維文集第一巻』中国文史出版社、一九九七年
――「唐宋大曲考」『王国維戲曲論文集』中国戲曲出版社、一九八四年
――『宋元戲曲考』中国戲劇出版社、一九九九年
王克芬『中国舞踏史』文化芸術出版、一九八四年
王昆吾『隋唐五代燕楽雜言歌辞研究』中華書局、一九九五年
楊蔭瀏『中国古代音楽史稿』人民音楽出版社、一九八一年
雲嵐篇『簡明戲劇詞典』上海辞書出版社、一九九〇年
臧励龢『中国古代地名大辞典』商務印書館、一九八二年
鄭汝中『敦煌壁画楽舞研究』甘粛教育出版社、二〇〇二年
中国大百科全書編輯委員会『中国大百科全書』中国大百科全書出版社、一九八三年

教訓抄・雅楽資料集

二松学舎大学21世紀COEプログラム中世日本漢文班編『雅楽資料集』第二～四輯（二松学舎大学21世紀COEプログラム「日本漢文学研究の世界的拠点の構築」、二松学舎大学21世紀COEプログラム事務局、二〇〇六～二〇〇九年）

狛近真著・林屋辰三郎校注『教訓抄』、日本思想大系二三『古代中世芸術論』岩波書店、一九七三年

日本語資料（仮名順）

宮内庁書陵部図書寮文庫所蔵旧伏見宮本琵琶譜
国会図書館蔵宋刊『楽書』
黒板勝美編『日本高僧伝要文抄 元亨釈書』新訂増補国史大系第三一巻、吉川弘文館、二〇〇〇年
黒板勝美編『続日本紀』新訂増補国史大系第二巻、吉川弘文館、二〇〇〇年
黒板勝美編『続日本後紀』新訂増補国史大系第三巻、吉川弘文館、二〇〇〇
黒板勝美編『日本三代実録 後篇』新訂増補国史大系普及版、一九七一年
黒板勝美編『類聚三代格 前篇』新訂増補国史大系第二五巻、吉川弘文館、一九九〇年
黒板勝美編『令集解』新訂増補国史大系普及版、一九八九年
永積安明校注『古今著聞集』日本古典文学大系八四、岩波書店、一九六六年
那波道円撰写本『倭名類聚抄』国会図書館蔵、一六一七年
塙保己一編『群書類従』巻三四一所収『五重十操記』続群書類聚完成会、一九五九年
三上景文著・正宗敦夫校訂『地下家伝　二』日本古典全集第六期、日本古典全集刊行会、一九三七年

データベース

東京大学大正新脩大蔵経テキストデータベース（SAT）
http://21dzk.l.u-tokyo.ac.jp/SAT/
奈良国立博物館収蔵品データベース

http://www.narahaku.go.jp/collection/

著書（日本語）（仮名順）

磯水絵『説話と音楽伝承』和泉書院、二〇〇〇年
――『院政期音楽説話の研究』和泉書院、二〇〇三年
――『「源氏物語」時代の音楽研究――中世の楽書から――』笠間書院、二〇〇八年
内田啓一監修『浄土の美術 極楽往生への願いが生んだ救いの美』仏教美術を極める二、東京美術、二〇〇九年
太田亮『姓氏家系大辞典』角川書店、一九六三年
荻美津夫『日本古代音楽史論』吉川弘文館、一九七七年
――『古代中世音楽史の研究』吉川弘文館、二〇〇七年
奥富敬之『日本家系・系図大事典』東京堂出版、二〇〇八年
小野亮哉監修『雅楽大事典』音楽之友社、一九八九年
岸辺成雄『唐代音楽の歴史的研究 楽制編』和泉書院、二〇〇五年
芸能史研究会編『日本芸能史第一巻』法政大学、一九八一年
小林保治編『日本の説話別巻 説話文学必携』東京美術、一九七六年
小峯和明『説話の森――天狗・盗賊・異形の道化――』大修館書店、一九九一年
芝祐靖監修『雅楽入門事典』柏書房、二〇〇六年
関友恵編『中国敦煌壁画全集 晩唐』天津人民美術出版社、二〇〇一年
田辺尚雄『日本音楽史』雄山閣、一九三二年
大英博物館監修『敦煌絵画Ⅰ』西域美術Ⅰ、講談社、一九八二年

塚原康子『明治国家と雅楽――伝統の近代化・国楽の創成――』有志舎、二〇〇九年
筒井英俊『東大寺要録』全国書房、一九四四年
東儀信太郎『雅楽事典』音楽之友社、一九八九年
敦煌文化研究所編『中国石窟 莫高窟』文物出版社・平凡社、一九八二年
――『中国石窟 安西楡林窟』文物出版社・平凡社、一九九七年
中村元監修『新佛教辞典 増補』誠信書房、一九八〇年
奈良国立博物館『浄土曼荼羅――極楽浄土と来迎のロマン――』奈良国立博物館、一九八三年
丹羽基二『日本姓氏大辞典』角川書店、一九八五年
仁和寺紺表紙小双紙研究会編『守覚法親王の儀礼世界――仁和寺蔵紺表紙小双紙の研究――基幹法会解題・付録資料集・論考・索引篇』勉誠社、一九九五年
林謙三『正倉院楽器の研究』風間書房、一九六四年
――『雅楽―古楽譜の解読―』音楽之友社、一九六九年
福島和夫『中世音楽史論叢』和泉書院、二〇〇一年
――『日本音楽史叢』和泉書院、二〇〇七年
平凡社編『音楽事典』第一二巻、平凡社、一九五七年
毎日新聞社編『中国敦煌壁画展』毎日新聞社、一九八二年
南谷美保『天王寺楽所資料』清文堂出版、一九九五年
宮次男「春日権現験記絵巻」『日本の美術』二〇三、至文堂、一九八三年
森克己『遣唐使』至文堂、一九五五年
渡辺信一郎『中国古代の楽制と国家――日本雅楽の源流――』文理閣、二〇一三年

論文（中国語）（ピンイン順）

柏互玖「唐代礼楽大曲研究」『中国音楽学』二〇一三年第二期
――「唐俗楽大曲的伝承与伝播」『中国音楽学』二〇一四年第四期
馬忠理「『蘭陵王入陣曲』疑釈」『文物春秋』、一九九五年第一期、総第二七期
郗文倩「張衡「西京賦」〝魚龍曼延〟発覆――兼論仏教幻術的東伝及其芸術表現――」『文学遺産』二〇一六年第六期
趙為民「試論蜀地音楽対宋初教坊楽之影響」『音楽研究』人民音楽出版社、一九九二年第一期
趙錫淮「代面、大面和敷演概念辨析」中国戯曲学院学報第三三巻第三期、二〇一二年八月

論文（日本語）（仮名順）

有吉恭子「楽所の成立と展開」『史窓』第二九号、一九七一年
石黒吉次郎「「教訓抄」における舞楽説話と芸能観」『専修国文』第五七号、一九九五年八月
猪瀬千尋「地下楽家の説話生成と理論構造――『教訓抄』を中心として――」『論究日本文学』第九〇号、二〇〇九年五月
植木行宣「解題（教訓抄）」林屋辰三郎校注『古代中世芸術論（日本思想体系二三）』岩波書店、一九七三年
遠藤徹「宮内庁書陵部新出史料『新撰楽譜 横笛三』をめぐる諸問題――付影印」『東京学芸大学紀要』五五集、二〇〇四年
――『平安朝の雅楽――古楽譜による唐楽曲の楽理的研究――』東京堂出版、二〇〇五年
――「『新撰楽譜』の楽目録について――平成十四年の新出史料を中心に――」『越境する雅楽文化』書肆フローラ、二〇〇九年
王媛「古代日本における舞楽の伝来と奏演の特質――「迦陵頻」を中心に――」『比較文化研究』第九八号、二〇一

一年九月
――「浄土変相図に描かれる迦陵頻伽の考察――敦煌壁画を中心に――」日本比較文化学会『比較文化研究』第一〇三号、二〇一二年九月
――「散楽から舞楽へ――芸能伝承の視点から――」『エコ・フィロソフィ研究』第八号、二〇一四年三月
――「悲劇の皇子・時空を超えた旋律――蘭陵王と「蘭陵王入陣曲」をめぐって――」日本比較文化学会関東支部編『比較文化学の地平を拓く』開文社、二〇一四年三月
――「唐代の宮廷に響く異国の旋律――四方楽――」『エコ・フィロソフィ研究』第九号（二〇一五年三月）
小野功龍「雅楽と法会」芸能史研究会編『雅楽――王朝の宮廷芸能』日本の古典芸能二、平凡社、一九七〇年
狩野雄「謎の蘇合香――二つの異聞のはざまで」『未名』第三一巻、二〇一三年
神田邦彦「『教訓抄』の古写本について」『雅楽資料集』（二松学舎大学21世紀COEプログラム「日本漢文学研究の世界的拠点の構築」、二〇〇八年三月）
――「春日大社蔵『舞楽古記』概論」『雅楽資料集』第四輯（二松学舎大学21世紀COEプログラム「日本漢文学研究の世界的拠点の構築」日本漢文資料楽書編）二〇〇九年三月
――「春日大社蔵『舞楽手記』検証――『舞楽手記』諸本考――」『日本漢文学研究』第五号（二松学舎大学21世紀COEプログラム「日本漢文学研究の世界的拠点の構築」）二〇一〇年三月
――「神田喜一郎旧蔵の『教訓抄』について」『中世文学会』第五六号、二〇一〇年度
――「神田喜一郎旧蔵『教訓抄』について 続考」『東洋音楽研究』第七六号、二〇一一年八月
蒲生美津子「邦楽重要図書解題」『季刊邦楽』三〇号、一九八二年三月
岸辺成雄「唐代楽器の国際性」『唐代の楽器』、東洋音楽学会編、一九六八年
北堀光信「三方楽所の成立と南都楽人」『地方史研究』第五九巻第二号、二〇〇九年

来宮泰彦『日華文化交流史』冨山房、一九五五年
櫛笥節男『宮内庁書陵部 書庫渉猟――書写と装訂――』おうふう、二〇〇六年
今野達「教訓抄の提起する説話文学的諸問題」『専修国文』第一三号、一九七三年一月
佐藤忠彦「『教訓抄』に見られる音楽記事の年譜稿」『北海道駒沢大学研究紀要』二一号、一九九六年三月
徐淵昊・伊藤好英訳「『教訓抄』の伎楽と河回別神仮面劇との相関性」『朝鮮学報』第一九八輯、二〇〇六年一月
竹居明男「『教訓抄』研究ノート――美術史関係史料について――」『文化史学』三四号、一九七八年一二月
――「『教訓抄』引用書名索引ならびに史実年表（稿）」『古代文化』第三二巻九号、一九八〇年九月
武山恵美子「紅葉山楽所をめぐる一考察」『公家と武家 三』、思文閣出版、二〇〇六年
中純子「唐代中晩期における蜀の音楽文化――長安との交流を軸として――」『日本中国学会報』第六四集、二〇一二年
中原香苗「内閣文庫蔵『舞楽雑録』と『教訓抄』」『語文』第六四輯、一九九五年三月
中本真人「『教訓抄』における多好方の記事をめぐって」『国語と国文学』第八六巻八号、二〇〇九年八月
林屋辰三郎『中世芸能史の研究』岩波書店、一九六〇年
宮崎和廣「教訓抄を通してみた平安朝の船載楽書に就いて――『酔郷日月』・『律書楽図』を中心として――」和漢比較文学叢書『和漢比較文学の周辺』第一八巻、汲古書院、一九九六年
渡辺綱也・藤田正太郎「近古語彙の研究――教訓抄の語彙――」『人文科学研究』第一六輯、一九五九年三月

あとがき

思い起こせば、筆者は子供の頃から「一衣帯水」という言葉を中国と日本の関係を表す典型的な熟語として学んだように思う。そしてこの言葉から連想する日本と言えば、言語が異なるものの単に中国の文化から大いに影響を受けた外国の一つだと短絡的に考えたこともあった。しかし、筆者が通った高校と姉妹学校の高校生たちとの交流がきっかけで、日中文化の違いを肌で感じ、その根底に流れる歴史的・宗教的・社会的な背景を追究するために、日中文化交流史をめぐる研究の道を歩み続けてきた。

日中文化交流の研究を行う際に重要なことは、日本文化・中国文化の様相と本質、両者の共通点と異同などを明らかにすることである。さらに、自国の文化が自国民のみならず他者からはどのように捉えられているのかということも、自国への認識を深めるうえで不可欠なプロセスだと常々思っている。たとえば、日本文化について考える時、「日本人から見た日本文化」だけでなく、視点を変えて「中国人から見た日本文化」も視野に入れるようにすれば、日本文化という考察対象についての認識を多角化し、その重層性をより浮き彫りにすることができる。中国文化においても同様で、「中国人から見た中国文化」と「日本人から見た中国文化」の異同や関係性を考察することは古代から連綿と続く日中文化交流の全容を知る手がかりになると考える。

本書は、こうした研究ビジョンを心に抱きながら、音楽説話を切り口として、中国における伝承と日本における受容のあり方を比較し、中国古代の文化のいかなる部分が中世日本において受容され、さらに独自の展開を遂げていくに至ったかを検討した博士課程における研究をまとめたものである。改めて本書を編むなかで、足らざる点が多く残されていることを痛感している。筆者はこれを研究の一里塚として、今後も、古代中世以来の日中文化交流の研究を通じて、私たちは「どこから来てどこへ向かうのか」「どのように自分を捉え、周りの民族を認識しまたは認識されてきたのか」など、現在われわれが生きる東アジアの文化に底流する思想をさまざまな角度から明らかにしていきたい。

大学院時代とその後の研究段階において、多数の研究者の学恩を賜ってきた。ことに秋谷治先生、安田敏朗先生からは広汎な知識や考え方、研究の姿勢を学んだ。また松原真先生、高橋忠彦先生から論文のご教導を賜ってきた。険しくて孤独であるはずの学問の道を暖かく見守ってくださった、力強く導いてくださったすべての方々に、感謝を申し上げたい。今後も初心を忘れずに研究に励んでいきたい。

本書に取り上げた内容にはご批判も多いものと察する。ご叱正を乞うとともに、本書の出版を機に、活発な議論が生まれることで、少しでも日中文化交流史研究の発展に貢献することができることを願っている。

最後に、本書の出版は三元社のお力をいただいて初めて可能になった。石田俊二社長をはじめお世話になった皆様に深く感謝を申し上げたい。

二〇二〇年二月

王　媛

著者紹介

王 媛（Wang Yuan）

一橋大学大学院言語社会研究科博士後期課程修了。博士（学術）。

専門分野は東アジア文化交流史。

明海大学・多摩大学・桜美林大学非常勤講師等を経て、現在、立教大学異文化コミュニケーション学部助教。

主な論文に、「遠くて近い“他者”——唐宋期の日本人像を探って——」（立教大学異文化コミュニケーション学部『ことば・文化・コミュニケーション』第12号、2020年）、「唐代の文学に描かれる外国人僧とその文化的イメージ——『酉陽雑俎』を通して——」（東洋大学『エコ・フィロソフィ研究』第13号、2019年）、「悲劇の皇子・時空を超えた旋律——蘭陵王と“蘭陵王入陣曲”をめぐって——」（『比較文化学の地平を拓く』開文社、2014年）など多数。

『教訓抄』に語られる中国音楽説話の研究

発行日　二〇二〇年六月二〇日　初版第一刷発行

著　者　王媛

発行所　株式会社 三元社
〒一一三-〇〇三三　東京都文京区本郷一-二八-三六鳳明ビル
電話／〇三-五八〇三-四一五五　FAX／〇三-五八〇三-四一五六
郵便振替／00180-2-119840

印刷　モリモト印刷 株式会社

製本　鶴亀製本印刷 株式会社

コード　ISBN978-4-88303-510-6